La startup sans code : Créez et validez rapidement des idées de démarrage

Écrit par Daniel Carr
Publié par la maison d'édition Cornell-David

Indice

8. Élaborer votre stratégie de mise sur le marché : marketing, tarification et lancement

8.1 Élaborer votre stratégie de mise sur le marché : marketing, tarification et lancement

8.1.1 Commercialiser votre MVP sans code

8.1.2 Tarification de votre MVP sans code

8.1.3 Lancement de votre MVP sans code

Élaborer votre stratégie de mise sur le marché : marketing, tarification et lancement

Marketing : accroître la notoriété et stimuler l'engagement

Tarification : trouver le juste milieu

Lancement : calendrier et exécution

8. Élaborer votre stratégie de mise sur le marché : marketing, tarification et lancement

8.1 Stratégie de commercialisation

8.1.5 Développement communautaire

8.2 Stratégie de tarification

8.3 Stratégie de lancement

8. Élaborer votre stratégie de mise sur le marché : marketing, tarification et lancement

8.1 Déterminez votre public cible

8.2 Sélectionnez vos canaux de marketing

8.3 Établissez votre stratégie de tarification

8.4 Lancez votre MVP sans code

8.1 Élaborer votre stratégie de mise sur le marché : marketing, tarification et lancement

8.1.1 Élaboration de la stratégie marketing

8.1.2 Définir la bonne stratégie de tarification

8.1.3 Activités préalables au lancement

8.1.4 Lancement de votre MVP

9. Faites évoluer votre startup sans code : stratégies de croissance et techniques avancées

9.2 Techniques avancées en No-Code pour faire évoluer votre startup

croissance

1. Optimisez votre expérience d'intégration

2. Augmenter l'engagement des utilisateurs

3. Automatisez le marketing et les ventes

4. Optimisez votre site Web et votre produit pour la conversion

Construire une infrastructure commerciale évolutive

1. Rationalisez vos flux de travail

2. Sensibilisation et engagement des clients

3. Explorer de nouveaux marchés

4. Renforcer votre colonne vertébrale financière

5. Répondre au changement

10. Études de cas : histoires de réussite de MVP sans code dans le monde réel

Étude de cas 1 : Glide Apps – Création d'un annuaire d'entreprises locales

10. Études de cas : histoires de réussite de MVP sans code dans le monde réel

10.1 Sharetribe : la magie du marché en ligne

10.2. Outseta : mise à l'échelle avec des outils sans code

10.3. Voiceflow : de l'idée à l'acquisition

10.4 Quotr : rationaliser le processus de vente

Leçons tirées d'histoires de réussite concrètes

10.1 Histoire de réussite MVP sans code : les applications sans code de Tara Reed

Étude de cas 1 : Pipe : créer une plateforme Fintech

Leçons apprises

Étude de cas 2 : Wild Audience : révolutionner l'automatisation du marketing

Leçons apprises

Étude de cas n°1 : Sharetribe – Création de marchés en ligne

Le problème

La solution

Les outils sans code

8. Élaborer votre stratégie de commercialisation : marketing, tarification et lancement

8.1 Stratégie marketing

8.1.5 Développement communautaire

8.2 Stratégie de tarification

8.3 Stratégie de lancement

8. Élaborer votre stratégie de commercialisation : marketing, tarification et lancement

8.1 Déterminez votre public cible

8.2 Sélectionnez vos canaux de marketing

8.3 Établissez votre stratégie de tarification

8.4 Lancez votre MVP sans code

8.1 Élaborer votre stratégie de commercialisation : marketing, tarification et lancement

8.1.1 Élaboration de la stratégie marketing

8.1.2 Définir la bonne stratégie de tarification

8.1.3 Activités préalables au lancement

8.1.4 Lancement de votre MVP

9. Faire évoluer votre startup sans code : stratégies de croissance et techniques avancées

Automatisation des processus pour l'évolutivité

Zapier : automatisation du flux de travail

Integromat : Générateur d'automatisation visuelle

1. Introduction : la puissance des MVP sans code

1.1 Adopter la révolution sans code pour le développement rapide de MVP

Le monde de l'entrepreneuriat a considérablement évolué au cours des dernières années, l'ère numérique nous offrant un large éventail d'outils et de ressources pour donner vie à nos idées plus rapidement et plus efficacement que jamais. Entrez dans le domaine des outils sans code – une nouvelle vague d'applications logicielles qui permet aux personnes non techniques, telles que les entrepreneurs et les concepteurs, de concrétiser leurs idées de startup sans avoir à s'appuyer sur le développement de logiciels traditionnels.

Mais qu'est-ce qui rend exactement les MVP (Minimum Viable Products) sans code si puissants, et comment peuvent-ils aider les entrepreneurs en herbe d'aujourd'hui à valider rapidement leurs idées et à évoluer vers une adéquation produit-marché ? Dans cette section, nous explorerons les avantages des plateformes sans code, les principes de base des MVP et comment la combinaison des deux peut propulser votre idée de startup au niveau supérieur.

1.1.1 Faire tomber les barrières à l'entrée

L'un des obstacles les plus importants auxquels les startups en croissance sont souvent confrontées est la pression nécessaire pour embaucher une équipe technique, comprenant des développeurs et des ingénieurs, pour donner vie à leurs idées de produits numériques. Non seulement l'embauche de développeurs expérimentés est souvent coûteuse, mais le processus de recrutement, de sélection et d'intégration des talents en développement peut être à la fois long et gourmand en ressources.

En revanche, les plates-formes sans code donnent aux entrepreneurs la possibilité de créer des MVP fonctionnels par simple glisser-déposer de formulaires, d'éléments de conception et d'autres composants prédéfinis, le tout sans écrire une seule ligne de code. En supprimant la complexité du développement logiciel traditionnel, les outils sans code mettent la création de produits à la portée de toute personne ayant une vision et un esprit d'entreprise.

1.1.2 Mettre l'accent sur la rapidité et la flexibilité

Le succès d'une start-up dépend souvent de sa capacité à itérer rapidement, à tirer les leçons des commentaires des utilisateurs et à s'adapter à l'évolution des conditions du marché. Traditionnellement, ce processus pouvait prendre des mois, voire des années, car les équipes de développeurs codaient manuellement chaque nouvelle fonctionnalité ou amélioration. Cependant, un MVP sans code vous permet de rationaliser le processus de développement et de privilégier la vitesse et la flexibilité.

En tirant parti de la puissance des outils sans code, vous pouvez rapidement créer un prototype fonctionnel de votre produit numérique, recueillir les commentaires des utilisateurs et apporter des modifications ou des ajouts en conséquence. Cette approche vous permet de rester agile et réactif aux conditions changeantes du marché ou aux progrès technologiques, contribuant ainsi à garder votre startup en avance.

1.1.3 Créer un espace pour l'expérimentation

Dans le monde des startups, les idées sont comme des graines, parfois transformées en entreprises réussies, parfois dépérissantes. Avec le mouvement no-code, les entrepreneurs peuvent être plus aventureux dans leurs expérimentations, en explorant simultanément plusieurs MVP potentiels ou en faisant évoluer rapidement leurs idées à mesure qu'ils recueillent les commentaires des utilisateurs et comprennent mieux l'évolution du paysage.

La réduction du temps et des coûts associés au développement de MVP sans code signifie que vous pouvez vous permettre de prendre plus de risques et potentiellement découvrir un véritable changement de donne qui serait resté inexploré dans un environnement de développement plus traditionnel.

1.1.4 Démocratiser l'innovation

La révolution sans code uniformise les règles du jeu pour les aspirants entrepreneurs et innovateurs, offrant un environnement plus inclusif à toute personne ayant une idée géniale pour faire sa marque. Auparavant, les aspirants entrepreneurs qui manquaient de compétences techniques étaient considérablement désavantagés lorsqu'il s'agissait de commercialiser leurs produits numériques. Cependant, avec l'essor des outils sans code, ces personnes peuvent désormais poursuivre leurs rêves sans avoir besoin d'expertise en programmation.

Cette démocratisation de l'innovation conduit à une gamme plus diversifiée de produits numériques qui s'adressent à différents marchés, bénéficiant en fin de compte à la fois aux startups et aux consommateurs.

1.1.5 Apprendre les principes du développement MVP sans code

En poursuivant votre parcours MVP sans code, vous découvrirez les principes et stratégies fondamentaux pour utiliser ces puissants outils et plates-formes à leur plein potentiel. À l'aide d'exemples concrets et d'études de cas, nous illustrerons comment des outils sans code peuvent être utilisés pour créer des MVP robustes qui attirent l'attention des clients et des investisseurs. Vous apprendrez à identifier les fonctionnalités principales, à valider les expériences utilisateur et à optimiser votre MVP pour réussir.

En fin de compte, la combinaison d'outils puissants sans code et d'une solide compréhension du processus de développement MVP vous fournira les compétences nécessaires pour lancer vos idées de startup dans le domaine numérique et, à terme, changer la trajectoire de votre parcours entrepreneurial.

1.1 Adopter le mouvement No-Code

Dans le monde numérique en évolution rapide d'aujourd'hui, les entrepreneurs et les innovateurs sont constamment à la recherche de moyens de créer, tester et itérer rapidement leurs idées. L'approche traditionnelle consistant à investir beaucoup de temps et de ressources dans le développement de solutions logicielles personnalisées à partir de zéro est non seulement longue et coûteuse, mais comporte également un risque élevé d'échec en raison de défis et d'hypothèses imprévus.

Entrez dans le « mouvement sans code » : une nouvelle approche révolutionnaire pour créer et valider rapidement des produits minimum viables (MVP), avec peu ou pas de connaissances en codage. Ce mouvement est alimenté par la montée en puissance de puissantes plates-formes et outils sans code qui permettent aux utilisateurs non techniques de créer des applications Web et mobiles entièrement fonctionnelles, à l'aide d'interfaces visuelles et de composants prédéfinis.

Dans cette section, nous explorerons les principaux avantages des MVP sans code et comment ils permettent aux startups et aux innovateurs de donner vie à leurs idées sans avoir besoin de compétences ou de ressources techniques approfondies. Nous aborderons également les différents outils et plates-formes sans code disponibles et vous fournirons des conseils sur la façon de choisir l'option la plus adaptée à vos besoins spécifiques.

1.1.1 Délai de mise sur le marché plus rapide

L'une des raisons les plus convaincantes d'utiliser des MVP sans code est leur potentiel à réduire considérablement le temps nécessaire à la mise sur le marché d'un produit. En tirant parti des composants prédéfinis et des environnements de développement visuels, vous pouvez rapidement créer et déployer des applications fonctionnelles en quelques semaines, voire quelques jours, au lieu des mois ou des années qu'il faudrait avec un développement personnalisé.

Ce délai de mise sur le marché plus rapide signifie que vous pouvez transmettre rapidement vos idées aux utilisateurs, recueillir des commentaires précieux et itérer rapidement en réponse aux informations des utilisateurs du monde réel. Cette agilité est essentielle pour les startups qui cherchent à s'établir sur des marchés concurrentiels, où chaque seconde compte et où être le premier à commercialiser une solution innovante peut faire la réussite ou l'échec de votre entreprise.

1.1.2 Coûts réduits et besoins en ressources

Le coût du développement de logiciels personnalisés peut être énorme, en particulier pour les startups et les petites entreprises aux budgets limités. En éliminant le besoin d'embaucher des développeurs coûteux ou d'investir dans des compétences techniques spécialisées, les MVP sans code réduisent considérablement les coûts initiaux et les besoins en ressources.

Les plates-formes sans code proposent des plans d'abonnement abordables ou des modèles de tarification à l'utilisation, permettant aux entreprises de toutes tailles d'accéder à de puissants outils de développement sans se ruiner. De plus, la complexité réduite du codage facilite la maintenance et la mise à jour de votre MVP, réduisant ainsi davantage les coûts à long terme tout en garantissant que votre produit reste toujours à jour.

1.1.3 Démocratisation de l'innovation

L'un des aspects les plus transformateurs du mouvement no-code est la démocratisation du développement d'applications, permettant à des personnes d'horizons divers et possédant diverses expertises techniques de créer et de lancer leurs propres produits. En supprimant les barrières techniques à l'entrée, les MVP sans code permettent à un groupe plus large d'innovateurs d'expérimenter, de valider et d'itérer leurs idées, créant ainsi davantage de possibilités de solutions révolutionnaires.

Cette nouvelle liberté créative favorise un paysage d'innovation plus inclusif et diversifié, où les meilleures idées peuvent atteindre le sommet, quelles que soient les prouesses techniques du créateur. Le mouvement sans code recèle donc un immense potentiel pour libérer des talents inexploités et susciter des changements significatifs dans divers secteurs.

1.1.4 Expérimentation et itération

Avec la possibilité de déployer et de tester rapidement des MVP sans code, les entrepreneurs peuvent désormais adopter une méthodologie de démarrage Lean et adopter une culture d'expérimentation. Les plates-formes sans code simplifient l'itération sur votre MVP en réponse aux commentaires des utilisateurs ou aux changements du marché, favorisant ainsi une approche plus adaptative et plus axée sur les données du développement de produits.

Cette flexibilité accrue permet aux startups d'affiner leur proposition de valeur fondamentale, d'optimiser l'expérience utilisateur et, en fin de compte, de favoriser l'adéquation produit-marché, tout en minimisant le risque et le coût traditionnellement associés au pivotement ou à la mise à jour importante des produits.

1.1.5 Choisir la bonne plateforme sans code

À mesure que le mouvement sans code prend de l'ampleur, le marché se remplit d'options, ce qui rend essentiel pour les startups d'évaluer soigneusement et de choisir la plate-forme adaptée à leurs besoins. Certaines plates-formes sans code populaires incluent Bubble, Webflow, Adalo, Appgyver et Glide, entre autres.

Lorsque vous comparez les plateformes, tenez compte de facteurs tels que :

- Capacités de la plateforme : la plateforme prend-elle en charge les fonctionnalités et la complexité requises pour votre MVP ?
- Options d'intégration : assurez-vous que la plateforme peut se connecter aux services tiers et aux API que vous prévoyez d'utiliser.
- Tarification et évolutivité : recherchez des plans tarifaires abordables et la possibilité de faire évoluer votre application à mesure que votre entreprise se développe.
- Communauté et support : recherchez des plates-formes avec des communautés actives et des ressources de support robustes, qui peuvent vous aider à résoudre les problèmes et à apprendre les meilleures pratiques.

En conclusion, le mouvement no-code a le potentiel de bouleverser profondément la manière dont les startups et les innovateurs construisent et valident leurs idées. En adoptant les MVP sans code, les entreprises peuvent accélérer la mise sur le marché, réduire les coûts, démocratiser l'innovation et favoriser une culture d'expérimentation et d'itération. Alors que vous vous lancez dans votre aventure avec les MVP sans code, utilisez les informations et les conseils fournis dans ce livre pour prendre des décisions éclairées et vous préparer au succès.

1.1 L'ère du No-Code : adopter une nouvelle façon de créer des MVP

Lorsqu'il s'agit de lancer une startup à succès, le temps presse. Des dizaines de nouvelles idées naissent chaque jour, et il y a toujours le risque que quelqu'un travaille déjà sur le même concept. De plus, les investisseurs et les clients sont toujours impatients de voir quelque chose de tangible qu'ils peuvent évaluer, tester et utiliser afin de décider si la startup vaut leur temps et leurs ressources. Cela nous amène au MVP, ou Produit Minimum Viable.

Traditionnellement, la création d'un MVP impliquait l'embauche de développeurs, l'écriture de codes, la conception d'une interface utilisateur et parfois même plus. Cela prend non seulement beaucoup de temps, mais nécessite également un budget important. Mais que se passerait-il s'il existait un moyen de contourner ces processus longs et coûteux ? Entrez dans le monde des MVP No-Code.

Les outils sans code sont devenus de plus en plus populaires en tant qu'alternative plus rapide, plus efficace et moins coûteuse aux méthodes traditionnelles de développement d'applications. Ces outils permettent aux fondateurs et même aux entrepreneurs non techniques de rationaliser le processus de création d'un MVP, leur permettant de valider leurs idées et de les partager avec le monde le plus rapidement possible.

1.1.1 MVP sans code : qu'est-ce que c'est exactement ?

En termes simples, un produit minimum viable sans code (MVP) est une itération précoce d'un produit ou d'une solution, construite à l'aide d'outils et de plates-formes sans code. Les MVP sans code permettent aux fondateurs de créer des applications sans écrire une seule ligne de code. Au lieu de cela, ces plates-formes offrent des fonctionnalités de glisser-déposer, des éditeurs visuels de création d'applications et des modèles prédéfinis qui aident les fondateurs à créer et à personnaliser leurs produits en quelques heures ou quelques jours.

1.1.2 Les avantages : pourquoi le No-Code ?

1. **Vitesse** : les outils et plates-formes sans code offrent un niveau de vitesse sans précédent au processus de développement MVP. Les entrepreneurs peuvent valider leurs idées et les commercialiser en une fraction du temps qu'il faudrait avec les méthodes de développement traditionnelles.
2. **Coûts réduits** : la technologie sans code élimine le besoin de développement de logiciels et d'infrastructures coûteux, permettant aux fondateurs d'économiser une somme importante sur leur budget. L'essor des plates-formes sans code a permis même aux startups amorcées de créer leurs MVP sans se ruiner.
3. **Collaboration et flexibilité** : les plates-formes sans code permettent un environnement plus collaboratif et flexible, permettant aux équipes interfonctionnelles de travailler en parallèle sur un MVP. Les chefs de produit, les concepteurs, les spécialistes du marketing et les développeurs peuvent effectuer des itérations ensemble, partager des commentaires et modifier le produit si nécessaire.

4. **Donner du pouvoir aux fondateurs non techniques** : L'un des plus grands changements du mouvement no-code est qu'il démocratise la possibilité de donner vie à une idée. Les fondateurs qui manquent de compétences techniques peuvent désormais créer des MVP pour leur entreprise sans compter sur un développeur ou un co-fondateur technique.
5. **Mise à l'échelle et modification faciles** : les plates-formes sans code sont généralement livrées avec des intégrations intégrées qui facilitent la mise à l'échelle. À mesure que votre MVP évolue, il est simple d'ajouter des fonctionnalités, de modifier celles existantes et d'intégrer des outils et des services supplémentaires, pour répondre aux demandes croissantes et en constante évolution de votre startup.

1.1.3 Principaux outils et plates-formes sans code que vous devriez connaître

Il existe aujourd'hui une myriade d'outils et de plates-formes sans code, et d'autres apparaissent constamment. Voici un bref aperçu de quelques plateformes no-code populaires, qui excellent dans différents domaines :

1. **Webflow** : Webflow est une plateforme puissante pour concevoir et lancer des sites Web réactifs sans écrire de code. Il permet aux utilisateurs de créer à partir de zéro des conceptions de sites Web personnalisées, visuellement attrayantes et de haute qualité.
2. **Bubble** : Bubble est une plate-forme populaire pour créer des applications Web via une simple interface glisser-déposer. Il dispose d'un éditeur visuel et d'une vaste bibliothèque de plugins qui peuvent vous aider

à créer des applications Web complexes et riches
sans écrire de code.

3. **Appgyver** : Cette plate-forme permet aux utilisateurs
   de créer des applications mobiles, de bureau et Web
   à l'aide d'une interface visuelle réactive, ainsi qu'une
   grande variété d'intégrations et de fonctionnalités.

4. **Zapier** : Zapier est un outil d'automatisation qui
   connecte diverses applications et services sans avoir
   besoin de code personnalisé. Il joue un rôle
   déterminant dans la création de flux de travail et de
   déclencheurs automatisés entre les plates-formes,
   facilitant ainsi l'intégration et la gestion des données
   dans plusieurs applications.

5. **Airtable** : Airtable est un outil de base de données
   flexible et convivial qui vous permet de créer des
   bases de données personnalisées, de gérer des
   feuilles de calcul et de vous connecter à d'autres
   outils de votre pile, le tout sans nécessiter aucune
   connaissance en codage.

1.1.4 Prêt, prêt, construit : comment créer votre premier MVP sans code

Créer un MVP sans code nécessite un processus réfléchi
dans lequel vous définissez votre idée, la divisez en
composants plus petits et organisez ces composants de la
manière qui convient le mieux à votre expérience utilisateur
prévue. Les étapes suivantes peuvent vous guider tout au
long de ce processus :

1. **Définir** : Définissez clairement le problème que vous
   cherchez à résoudre et identifiez votre public cible.
   Cela vous aidera à garantir que votre MVP répond
   aux besoins et aux intérêts de vos clients potentiels.

2. **Recherche** : analysez vos concurrents et évaluez le
   paysage de votre secteur, cela vous donnera un

aperçu des fonctionnalités indispensables pour votre MVP et mettra en valeur la proposition de valeur unique qui vous distinguera des solutions existantes.

3. **Esquisse** : réfléchissez et esquissez les principaux flux d'utilisateurs et wireframes pour votre MVP. Cela vous aidera à visualiser le parcours utilisateur, à organiser vos pensées et vos idées et à garantir que vous créez une solution centrée sur l'utilisateur.

4. **Sélectionnez** : choisissez les bons outils et plates-formes sans code qui répondent le mieux aux exigences de votre MVP. Vous devrez peut-être mélanger et assortir différents services pour couvrir efficacement toutes vos bases.

5. **Build** : Utilisez les plateformes sélectionnées pour créer votre MVP, en prenant soin de respecter les fonctionnalités et les flux utilisateurs définis plus tôt dans le processus. Testez la solution au fur et à mesure pour éliminer tout problème potentiel.

6. **Itérer** : dès que votre MVP est en ligne, recueillez les commentaires des utilisateurs, itérez sur votre solution et affinez votre offre en fonction des informations que vous obtenez. La possibilité d'itérer rapidement et facilement est l'un des avantages essentiels des MVP sans code.

En conclusion, adopter la puissance des MVP sans code peut conduire au succès dans le monde en évolution rapide des startups. Le temps et les ressources économisés, les itérations rapides et l'évolutivité transparente, ainsi que la capacité des fondateurs non techniques à donner vie à leurs idées, tout cela laisse présager l'avenir : l'ère du no-code.

La puissance des MVP sans code

Pourquoi chaque entrepreneur a besoin d'un MVP sans code

Dans le paysage commercial hyper-concurrentiel et en évolution rapide d'aujourd'hui, les aspirants entrepreneurs sont souvent confrontés à un dilemme. Ils ont une idée de produit ou de service potentiellement révolutionnaire, mais ils manquent des ressources nécessaires – en particulier du temps et de l'expertise technique – pour lui donner vie.

Entrez le produit minimum viable sans code (MVP). Avec l'aide des plateformes sans code, n'importe qui, quelles que soient ses capacités de codage, peut désormais créer des solutions numériques puissantes adaptées à ses besoins uniques, le tout sans toucher à une seule ligne de code.

Dans cette section, nous explorerons le concept fondamental des MVP No-Code et discuterons des nombreux avantages qui en font un outil indispensable pour les entrepreneurs d'aujourd'hui. De la rapidité et de la flexibilité à la rentabilité et à l'apprentissage continu, cette nouvelle génération de MVP offre des avantages inestimables, en particulier pour les startups disposant de ressources limitées et de délais exigeants.

Définir des produits viables minimum sans code

Avant d'aborder les avantages des MVP sans code, examinons rapidement les deux concepts clés de cette équation : les MVP et le développement sans code.

- **Produit minimum viable (MVP)** : Un MVP est une version d'un nouveau produit avec les fonctionnalités minimales requises pour capturer les fonctionnalités de base et les propositions de valeur tout en attirant les premiers utilisateurs. Cette version allégée du produit permet aux startups de tester le terrain, de recueillir les commentaires des utilisateurs et d'itérer en fonction de décisions basées sur les données, le tout sans dépenser de ressources précieuses pour développer un produit complet et raffiné. En bref, un MVP permet aux startups d'échouer rapidement, d'apprendre rapidement et de pivoter si nécessaire.

- **Développement sans code** : les outils sans code sont des plates-formes de développement visuel qui permettent aux utilisateurs de créer des applications, des sites Web et des produits numériques sans écrire de code. Au lieu de cela, ils utilisent des interfaces glisser-déposer, des modèles prédéfinis et des composants préconfigurés pour créer les fonctionnalités souhaitées. Les plates-formes sans code démocratisent le processus de développement d'applications, permettant aux utilisateurs non techniques (tels que les entrepreneurs, les analystes commerciaux et les concepteurs) de transformer leurs idées en prototypes fonctionnels rapidement et à moindre coût, le tout sans compter sur des ressources de développement limitées ou une expertise technique approfondie. .

Maintenant que nous avons une compréhension de base de ces deux concepts, nous pouvons apprécier le véritable pouvoir des MVP No-Code : une synthèse de l'approche lean et pratique des MVP avec l'agilité et l'accessibilité des outils no-code. Cette puissante combinaison permet aux startups de tester, valider et itérer rapidement leurs idées, avec un risque et un investissement minimes.

Avantages des MVP No-Code pour les startups

1. **Vitesse d'exécution** : les plates-formes sans code réduisent considérablement le temps nécessaire à la

création d'un MVP fonctionnel. Grâce à une interface intuitive par glisser-déposer, des processus de développement guidés et des modules prédéfinis, les entrepreneurs peuvent rapidement donner vie à leurs idées – parfois en quelques heures ou jours, plutôt qu'en semaines ou mois. Cela permet aux fondateurs de se concentrer sur la validation de leur hypothèse et sur les itérations pour parvenir à une adéquation produit-marché à un rythme beaucoup plus rapide.

2. **Coûts de développement réduits** : en évitant le besoin d'embaucher des développeurs, les MVP sans code réduisent considérablement les coûts initiaux, ce qui constitue une bouée de sauvetage pour les startups à court d'argent. En outre, les plates-formes sans code proposent souvent un modèle de tarification par abonnement, qui vous permet de ne payer que ce dont vous avez besoin, et de mettre à niveau ou de rétrograder en fonction de l'évolution de vos besoins.

3. **Facilité d'itération** : la nature agile des solutions sans code facilite l'apport de modifications, de mises à jour et d'améliorations à votre MVP en fonction des commentaires des utilisateurs en temps réel. Cette fonctionnalité inestimable permet aux startups de corriger le tir et d'optimiser leurs offres de produits sans avoir à recommencer à zéro ou à entreprendre un cycle de développement long et coûteux.

4. **Flexibilité et personnalisation** : les outils sans code sont dotés d'une vaste gamme d'options, d'intégrations et d'extensions, offrant aux startups la flexibilité nécessaire pour créer la solution exacte dont elles ont besoin, le tout sans aucun codage ni expertise technique. Vous pouvez choisir parmi une bibliothèque de modules prêts à l'emploi ou même créer des composants personnalisés pour répondre à vos besoins spécifiques.

5. **Collaboration et accessibilité** : les plateformes sans code offrent des règles du jeu équitables pour les startups dotées d'équipes diversifiées et interfonctionnelles. Ils favorisent la collaboration et la communication entre les membres en fournissant une plate-forme visuelle unifiée où chacun peut contribuer au développement du produit – de l'idéation à l'exécution.

En exploitant la puissance des MVP No-Code, les entrepreneurs peuvent tester leurs idées rapidement et efficacement, recueillir des commentaires cruciaux et orienter leur startup dans la bonne direction, tout en économisant du temps, de l'argent et des ressources. Dans les chapitres suivants, nous vous fournirons un guide étape par étape pour créer votre propre MVP No-Code et mettre votre startup sur la voie du succès.

1.1 Adopter le mouvement No-Code

Il est révolu le temps où le lancement d'une startup nécessitait une compréhension approfondie du codage, une équipe de développeurs dédiée ou des milliers de dollars pour externaliser votre travail de développement. L'émergence du mouvement no-code a conduit à un moyen plus simple, plus rapide et plus rentable de donner vie à vos idées.

Les MVP No-Code représentent une tendance en croissance rapide dans le monde de l'entrepreneuriat, permettant aux fondateurs et aux passionnés de startup de donner vie à leurs idées commerciales avec un minimum de connaissances techniques. En tirant parti de la puissance des plates-formes et des outils sans code, les entrepreneurs potentiels peuvent désormais créer et itérer leur produit minimum viable (MVP) en quelques jours ou semaines, plutôt qu'en mois ou en années.

Dans cette section, nous explorerons la puissance des MVP sans code et pourquoi ils sont devenus essentiels à l'écosystème des startups modernes. Vous découvrirez comment ces solutions innovantes ont démocratisé l'innovation des startups, accélérant le processus global de validation et de lancement d'une startup.

1.1.1 L'écosystème sans code

L'écosystème sans code est un ensemble de solutions qui permettent aux utilisateurs non techniques de créer, personnaliser et déployer des applications logicielles puissantes sans écrire une seule ligne de code. Il se compose d'une variété d'outils, de plates-formes et de services fournissant des fonctionnalités intégrées pour développer et personnaliser vos applications en fonction de vos besoins uniques. Certains exemples populaires incluent Webflow, Bubble, Zapier, Adalo, Airtable et bien d'autres.

La bibliothèque croissante d'outils sans code couvre un large éventail de catégories et de fonctionnalités, telles que les créateurs de sites Web, les créateurs d'applications, la gestion de données, les outils d'automatisation et même les plateformes de développement à part entière.

L'objectif principal de ces solutions sans code est de permettre à des individus ou des équipes ayant peu ou pas de connaissances techniques de créer des applications logicielles entièrement fonctionnelles, réduisant ainsi les barrières à l'entrée pour les entrepreneurs qui souhaitent valider leurs idées de startup ou innover rapidement.

1.1.2 Les avantages des MVP sans code

De nos jours, créer, valider et itérer sur un MVP est devenu un élément essentiel de l'idéation et de la croissance d'une startup. Le MVP permet aux entrepreneurs de tester et d'analyser rapidement leur produit ou service, leur permettant ainsi de procéder aux ajustements ou pivots nécessaires avant d'investir davantage de temps, d'efforts ou de ressources. Les MVP sans code, en particulier, offrent plusieurs avantages :

1. **Rapidité** : les outils sans code sont conçus pour être conviviaux et simples, permettant de créer votre MVP à un rythme étonnamment rapide. Vous pouvez construire des prototypes, effectuer des tests et réitérer vos idées en quelques jours ou semaines, au lieu de longs cycles de développement.
2. **Flexibilité** : grâce à une gamme complète d'outils sans code disponibles, les entrepreneurs peuvent mélanger et assortir diverses solutions pour créer un MVP précisément adapté à leurs besoins uniques. Ils peuvent également adapter facilement leur produit à mesure que leur startup évolue, sans encourir de retards ou de coûts importants.
3. **Rentable** : les MVP sans code éliminent le besoin d'embaucher des développeurs ou d'externaliser le développement de vos produits à des agences externes. Cela signifie qu'une fois que vous aurez appris à naviguer dans le paysage sans code, vos coûts diminueront considérablement tout en conservant la possibilité de créer et d'itérer des produits exceptionnels.
4. **Validation** : Le but ultime d'un MVP est de valider votre idée de startup auprès de clients potentiels. Plus vite vous pourrez créer et itérer sur votre MVP, plus vite vous pourrez obtenir des commentaires et découvrir des informations sur votre marché cible,

vous aidant ainsi à orienter votre startup dans la bonne direction.

5. **Réduction des risques** : la création d'un MVP sans code minimise les risques associés à la création d'un produit complet dès le départ. Vous pouvez tester vos idées, gagner du terrain ou découvrir des obstacles potentiels sans engager un investissement financier ou en temps important.

1.1.3 Processus et flux de travail sans code

Le développement d'un MVP sans code suit généralement un processus et un workflow bien définis, structurés autour d'une série d'étapes :

1. **Idéation** : La première étape consiste à définir votre idée de startup, à identifier votre public cible et le problème que vous comptez résoudre. Il est essentiel de clarifier qui seront vos utilisateurs et comment votre solution apportera de la valeur à leur vie.
2. **Planification MVP** : Une fois que vous avez une solide compréhension de votre idée, l'étape suivante consiste à déterminer les caractéristiques, fonctionnalités et flux d'utilisateurs essentiels qui représentent le mieux une version minimale viable de votre produit. Donnez la priorité à ces fonctionnalités pour créer une portée MVP réalisable.
3. **Choisir les outils sans code** : en fonction de la nature de votre MVP, des fonctionnalités qu'il devrait avoir et de votre propre flux de travail préféré, vous devrez choisir les bons outils sans code qui répondent à vos besoins. Cela peut impliquer une sélection parmi les créateurs de sites Web, les créateurs d'applications, les outils d'automatisation ou d'autres plates-formes spécialisées.

4. **Construire le MVP** : Une fois votre plan en place, commencez à construire votre MVP à l'aide des outils sans code choisis. Assurez-vous que les fonctionnalités essentielles et les modèles de flux d'utilisateurs sont bien représentés et fonctionnels.
5. **Tests et validation** : une fois le MVP créé, il est temps de recueillir les commentaires des utilisateurs, d'effectuer des tests et d'identifier les lacunes ou les problèmes potentiels qui doivent être résolus. Réévaluez vos hypothèses et validez si votre solution est sur la bonne voie.
6. **Itération et amélioration** : utilisez les informations obtenues lors des tests et de la validation pour apporter les ajustements, améliorations ou pivots nécessaires à votre MVP. Ce processus itératif facilite la réalisation de changements en temps opportun, en réalignant votre startup selon les besoins.

Comme vous pouvez le constater, les MVP sans code ont révolutionné le monde de l'entrepreneuriat, en rationalisant et en accélérant le processus de construction, de validation et d'itération de vos idées pour maximiser vos chances de succès. En adoptant le mouvement no-code, vous pouvez positionner votre startup pour une croissance rapide tout en restant concentré sur l'innovation et la création de valeur.

2. La boîte à outils No-Code : plates-formes et outils essentiels

2.1 Plateformes essentielles pour créer des MVP sans code

Construire un MVP sans code est une étape essentielle pour valider votre idée de startup, et disposer des bons outils est de la plus haute importance pour démarrer du bon pied. Dans ce chapitre, nous aborderons les plateformes essentielles qui peuvent vous aider à créer votre MVP sans code avec un minimum de connaissances techniques.

2.1.1 Flux Web

Webflow est une puissante plateforme de conception et de développement qui vous permet de créer des sites Web réactifs sans écrire une seule ligne de code. Il combine une interface intuitive par glisser-déposer avec un ensemble complet d'outils de conception qui peuvent vous aider à créer et personnaliser facilement votre MVP.

Fonctionnalités du flux Web :

- Conception réactive sans requêtes multimédias complexes
- Animations et interactions personnalisées
- Une vaste bibliothèque de composants et d'éléments prédéfinis
- Visual CMS pour gérer votre contenu de manière dynamique
- Hébergement optimisé pour la vitesse et les performances
- Outils de collaboration pour travailler avec les membres de l'équipe

2.1.2 Bulle

Bubble est une plateforme sans code qui vous permet de créer des applications Web personnalisées à partir de zéro. Avec Bubble, vous pouvez concevoir, développer et déployer des applications Web entièrement fonctionnelles sans aucune connaissance en programmation.

Caractéristiques des bulles :

- Générateur visuel par glisser-déposer
- Éléments d'interface utilisateur personnalisables (boutons, entrées, etc.)
- Système de gestion de base de données
- Connectez-vous à des API et des services externes
- Logique et flux de travail personnalisés
- Intégration avec des outils populaires (comme Stripe pour les paiements)
- Hébergement gratuit avec la possibilité d'utiliser des domaines personnalisés

2.1.3 Glisse

Glide est une plate-forme sans code qui vous permet de créer des applications mobiles en utilisant Google Sheets comme backend. Vous pouvez transformer n'importe quelle feuille Google en une application magnifique et facile à utiliser et mettre à jour votre application en temps réel en modifiant votre feuille Google.

Caractéristiques de glisse :

- Modèles d'application personnalisables
- Backend alimenté par Google Sheets
- Afficher, filtrer et trier les données dans différentes mises en page
- Actions personnalisées (boutons, formulaires, etc.) pour interagir avec vos données
- Disponible pour Android et iOS
- Aucune installation requise – partagez via une URL

2.1.4 Adalo

Adalo est une autre plateforme sans code qui vous permet de créer des applications mobiles et Web personnalisées. Il offre une interface simple par glisser-déposer et vous permet de créer des applications avec plusieurs écrans, composants et fonctionnalités sans aucune connaissance en codage.

Caractéristiques d'Adalo :

- Éditeur visuel par glisser-déposer
- Composants personnalisés et éléments d'interface utilisateur
- Logique d'application et flux de travail personnalisables
- Intégration avec des outils populaires (comme Stripe pour les paiements)
- Backend de données et authentification intégrés
- Publiez sur les magasins d'applications Android et iOS
- Image de marque personnalisée et domaine personnalisé

2.1.5 Zapier

Zapier est une plateforme d'automatisation sans code qui connecte différentes applications et services Web. Il vous permet de créer des flux de travail automatisés appelés « Zaps » en intégrant diverses applications sans écrire de code.

Caractéristiques de Zapier :

- Intégration avec plus de 3 000 applications et services

- Zaps prédéfinis pour automatiser les tâches courantes
- Déclencheurs et actions personnalisables pour vos flux de travail
- Logique conditionnelle pour créer des automatisations complexes
- Automatisations planifiées à exécuter à des intervalles prédéterminés
- Plusieurs Zaps et étapes pour combiner différentes applications et actions

2.2 Outils essentiels pour les MVP sans code

En plus des plateformes mentionnées ci-dessus, il existe plusieurs outils essentiels qui peuvent vous aider dans divers aspects de la création de votre MVP sans code. Ces outils peuvent vous faire gagner du temps, des efforts et des ressources tout en créant un MVP efficace et efficient.

2.2.1 Métier à tisser

Loom est un outil de messagerie vidéo qui permet de créer et de partager des messages vidéo de manière simple et rapide. Cela peut jouer un rôle déterminant dans la communication avec votre équipe ou inclure des didacticiels vidéo et des démos avec votre MVP.

Caractéristiques du métier à tisser :

- Enregistrement vidéo instantané en un seul clic
- Partage d'écran avec narration vocale
- Extension Chrome pour un accès rapide
- Outils d'annotation vidéo et de dessin
- Partage vidéo instantané via une URL

- Intégration avec des outils populaires tels que Slack, Notion et Trello

2.2.2 Forme de type

Typeform est un générateur de formulaires et d'enquêtes basé sur le Web qui vous permet de créer des formulaires, des quiz et des enquêtes interactifs et attrayants pour votre MVP. Il peut être utilisé pour recueillir les commentaires des utilisateurs, générer des leads, s'inscrire, etc.

Caractéristiques de la forme :

- Générateur de formulaires intuitif par glisser-déposer
- Types de questions personnalisables et logique de formulaire
- Formulaires et popups intégrables pour votre site Web
- Image de marque et design personnalisés
- Intégration avec des outils et services populaires
- Analyses et informations sur les données de votre formulaire

2.2.3 Toile

Canva est une plateforme de conception graphique dotée d'une vaste bibliothèque de modèles, d'images et d'éléments de conception permettant de créer des graphiques et des visuels professionnels pour votre MVP. Il peut vous aider à créer des logos, des présentations, des graphiques pour les réseaux sociaux, etc.

Caractéristiques de Canva :

- Interface glisser-déposer facile à utiliser
- Modèles pour différents types de conception

- Une bibliothèque massive d'images de stock et
  d'éléments de conception
- Typographie et palettes de couleurs personnalisables
- Outils de collaboration pour les projets d'équipe
- Exporter dans plusieurs formats de fichiers

2.2.4 Airtable

Airtable est une puissante plate-forme de feuille de calcul et
de base de données qui vous permet de créer des bases de
données personnalisées, d'organiser les données et de
collaborer avec votre équipe. Il peut être utilisé pour la
gestion de projet, le CRM, la planification de contenu, etc.

Caractéristiques de l'Airtable :

- Modèles de tableaux personnalisables
- Options avancées de filtrage, de tri et de
  regroupement
- Différents types de données et types de champs
- Collaboration en temps réel et autorisations d'équipe
- Intégration avec des outils et services populaires
- API pour se connecter à d'autres plateformes

En tirant parti de ces plateformes et outils essentiels, vous
pouvez créer, tester et valider rapidement et efficacement
votre idée de startup avec un MVP sans code. Profitez de la
puissance du no-code et voyez votre idée se transformer en
une entreprise réussie.

2. La boîte à outils No-Code : plates-formes et outils essentiels

Le mouvement no-code a donné naissance à un riche
écosystème de plateformes et d'outils qui permettent à toute

personne ayant une idée de créer et de valider rapidement des idées de startup. Avec ces outils, vous n'avez plus besoin d'être développeur ou d'avoir une expertise technique pour créer une application Web, une application mobile ou même un produit à part entière.

Dans cette section, nous explorerons certaines des plates-formes et outils essentiels qui vous fourniront tout ce dont vous avez besoin pour créer votre produit minimum viable (MVP) sans écrire une seule ligne de code. Nous catégoriserons les outils en fonction de leur objectif dans le processus de développement sans code, de l'idéation au prototype en passant par le lancement.

A. Validation des idées et recherche client

Avant de commencer le développement de votre MVP no-code, vous devez valider votre idée et recueillir des informations sur vos clients cibles.

1. **Google Forms** – Un outil gratuit et polyvalent pour créer et partager des enquêtes, des quiz et des formulaires. Utilisez-le pour recueillir les commentaires des clients, mener des études de marché ou mesurer la satisfaction des utilisateurs.
2. **Typeform** - Un puissant générateur d'enquêtes et de formulaires qui crée des expériences conversationnelles engageantes pour votre public. Typeform fournit des modèles à diverses fins, notamment les commentaires des clients, la validation des produits et la recherche d'utilisateurs.
3. **SurveyMonkey** - Un outil d'enquête en ligne qui offre une multitude de fonctionnalités, notamment des modèles d'enquête prédéfinis, des outils d'analyse de données et des intégrations avec des applications tierces.

B. Conception visuelle et prototypage

Collaborez avec votre équipe pour créer des visuels, des wireframes et des prototypes interactifs avec ces outils de conception :

1. **Figma** - Un outil de conception vectorielle Web populaire qui vous permet de concevoir, de prototyper et de collaborer en temps réel. Il est livré avec une bibliothèque d'éléments d'interface utilisateur, facilitant la création et le test d'interfaces utilisateur.
2. **Adobe XD** - Un puissant outil de conception et de prototypage d'Adobe qui vous permet de concevoir, de prototyper et de partager des expériences interactives. Il contient un riche ensemble d'outils, notamment des éléments d'interface utilisateur, des composants et des plugins.
3. **Sketch** - Un outil de conception populaire pour les utilisateurs Mac, connu pour sa simplicité, son efficacité et ses capacités d'intégration. Avec une vaste bibliothèque de plugins, Sketch vous permet de concevoir des interfaces utilisateur et de prototyper des expériences interactives.

C. Créateurs d'applications Web et de sites Web

Les créateurs de sites Web sans code facilitent la création de sites Web réactifs et visuellement attrayants sans écrire de code.

1. **Webflow** - Une plate-forme de conception et d'hébergement Web qui vous permet de concevoir, créer et lancer visuellement des sites Web réactifs. Avec son CMS intégré, vous pouvez créer et gérer du contenu sans écrire de code.

2. **Wix** – Un créateur de site Web par glisser-déposer
   avec une large sélection de modèles de conception et
   d'intégrations d'applications tierces. Wix propose
   également une plateforme de commerce électronique
   intégrée, facilitant la création d'une boutique en ligne.
3. **Squarespace** - Une plateforme populaire pour créer
   de superbes sites Web, des sites de portfolio et des
   boutiques en ligne. Squarespace offre un design
   élégant et moderne et une gamme d'outils puissants
   pour personnaliser l'apparence et les fonctionnalités
   de votre site.

D. Générateurs d'applications mobiles

Créez des applications mobiles natives pour iOS et Android
sans écrire de code à l'aide de ces créateurs d'applications
mobiles sans code.

1. **Adalo** - Un générateur d'applications mobiles sans
   code qui vous permet de créer et de lancer des
   applications mobiles natives sur iOS et Android.
   L'interface visuelle d'Adalo vous permet de créer des
   applications rapidement et intuitivement.
2. **Thunkable** - Une plate-forme de développement
   d'applications par glisser-déposer qui vous permet de
   créer des applications natives entièrement
   fonctionnelles pour iOS et Android. Il offre une large
   gamme de composants et une vaste bibliothèque de
   modèles prédéfinis pour la conception de l'interface
   utilisateur et de la mise en page.
3. **OutSystems** - Une puissante plate-forme low-code
   pour créer des applications mobiles et Web de niveau
   entreprise. Son environnement de développement
   visuel et ses capacités d'intégration facilitent la
   création d'applications complexes avec un minimum
   de codage.

E. Plateformes de commerce électronique

Lancez et gérez votre boutique en ligne avec ces plateformes de commerce électronique sans code.

1. **Shopify** – Une plateforme de commerce électronique leader qui vous permet de créer, gérer et développer votre boutique en ligne. Avec une large gamme de modèles, de plugins et d'intégrations tierces prédéfinis, vous pouvez créer une expérience d'achat sur mesure pour vos clients.
2. **BigCommerce** - Une plate-forme de commerce électronique tout-en-un qui propose des modèles de conception indépendants des appareils, des outils marketing avancés et la prise en charge de diverses passerelles de paiement. C'est une solution évolutive pour les entreprises de toutes tailles.
3. **WooCommerce** – Une plateforme de commerce électronique puissante, personnalisable et gratuite qui s'intègre à WordPress. Il propose une large gamme de plugins et de thèmes, vous permettant de créer une boutique en ligne entièrement personnalisée.

F. Automatisation et intégration du flux de travail

Les outils d'automatisation des flux de travail sans code vous aident à automatiser les tâches et à intégrer différentes plates-formes pour créer une expérience utilisateur transparente.

1. **Zapier** - Un outil d'automatisation de flux de travail populaire qui connecte différentes applications et services, vous permettant d'automatiser des tâches sans écrire de code. Il prend en charge des milliers d'intégrations, facilitant la création de flux de travail complexes.

2. **Integromat** - Une plateforme d'automatisation visuelle des flux de travail qui vous permet de connecter et d'automatiser des tâches entre différentes applications. Son interface glisser-déposer facilite la création d'intégrations personnalisées et de flux de travail automatisés.
3. **IFTTT** - Une plate-forme d'automatisation légère et conviviale qui connecte et automatise les tâches entre les applications et services populaires, en utilisant la logique « si ceci, alors cela ».

En conclusion, le paysage sans code offre une multitude d'outils permettant aux fondateurs non techniques de créer et de valider rapidement leurs idées de startup. Ce n'est en aucun cas une liste exhaustive; cependant, cette boîte à outils constitue un excellent point de départ pour quiconque cherche à créer un MVP avec une expérience de codage nulle ou minimale. Profitez de la puissance du no-code et transformez votre idée en réalité !

A. Présentation de la boîte à outils No-Code

Dans cette section, nous examinerons en profondeur les plates-formes et les outils essentiels qui constituent l'épine dorsale de chaque MVP sans code. Ces outils ont été soigneusement sélectionnés pour vous faire gagner du temps, des efforts et de l'argent tout au long du processus de concrétisation de vos idées de startup. Ils répondent à un ensemble diversifié d'exigences, allant de la conception et de la création de vos applications Web et mobiles à l'automatisation de flux de travail complexes, en passant par la collecte des commentaires des utilisateurs et même la gestion de votre clientèle sans écrire une seule ligne de code.

Chaque plate-forme et outil répertoriés dans cette boîte à outils s'occupe d'un aspect spécifique de la création et du lancement de votre MVP sans code. Lorsque vous aurez terminé cette section, nous espérons que vous aurez une compréhension complète des outils à choisir en fonction des exigences de votre produit et de votre public cible.

Examinons maintenant de plus près ces plates-formes et outils essentiels dans la boîte à outils sans code :

1. Plateformes de développement sans code

Ce sont des outils complets qui vous permettent de créer, concevoir et lancer votre application Web ou mobile sans aucune expérience en codage. Ils comportent souvent une interface WYSIWYG (ce que vous voyez est ce que vous obtenez), ce qui vous permet de visualiser et de créer facilement votre produit idéal. Certaines plates-formes de développement sans code populaires incluent :

- **Bubble** : Une plateforme puissante et polyvalente pour créer des applications Web. Les fonctionnalités clés de Bubble incluent un éditeur visuel intuitif, une gestion de base de données intégrée, une vaste collection de plugins et des intégrations API directes.
- **Webflow** : Une plate-forme de conception et de développement tout-en-un qui se concentre sur la création de sites Web visuellement époustouflants et entièrement réactifs. Webflow est connu pour son interface facile à utiliser et ses capacités d'édition en temps réel.
- **Adalo** : une plate-forme de développement d'applications mobiles qui vous aide à concevoir, créer et lancer des applications natives personnalisées pour les appareils Android et iOS. L'interface glisser-déposer facile à utiliser rend le

processus de création d'une application rapide et
sans effort.

- **OutSystems** : une plate-forme low-code qui offre une
  vaste collection de modèles et de ressources
  prédéfinis, parfaite pour créer à la volée des
  applications mobiles et Web de niveau entreprise.
  OutSystems prend en charge l'intégration avec les
  principaux outils de base de données et d'analyse, ce
  qui en fait un choix populaire parmi les grandes
  organisations.

2. Outils d'automatisation du flux de travail

Une fois que vous avez créé votre MVP, l'étape suivante
consiste à automatiser et à rationaliser les processus métier
sans écrire de code. Les outils d'automatisation des flux de
travail vous aident à créer des flux de travail complexes et à
intégrer de manière transparente différents outils et plates-
formes sans code. Certains outils d'automatisation de flux de
travail populaires incluent :

- **Zapier** : Un puissant outil d'automatisation qui
  connecte et automatise plus de 3 000 applications,
  doté d'une vaste bibliothèque de « Zaps » prédéfinis
  pour vous aider à démarrer rapidement.
- **Integromat** : Une plateforme d'automatisation
  polyvalente qui combine une interface visuelle avec la
  prise en charge des intégrations basées sur des API.
  Integromat fournit une suite complète de fonctions et
  d'outils pour créer facilement des flux de travail et des
  processus complexes.
- **n8n.io** : un outil d'automatisation de flux de travail
  open source basé sur des nœuds qui vous permet de
  configurer des intégrations personnalisées et
  d'automatiser des tâches sur plusieurs plates-formes
  et services.

3. Collecte de données utilisateur et commentaires

Recueillir les commentaires des utilisateurs est essentiel pour valider votre idée de startup et améliorer votre produit. Voici quelques outils pour vous aider à collecter des données et des commentaires de vos utilisateurs :

- **Google Forms** : un générateur d'enquêtes et de formulaires simple mais puissant fourni avec la suite Google. Il comprend différents types de questions, la validation des réponses et la collecte automatique de données dans une feuille Google.
- **Typeform** : un générateur de formulaires et d'enquêtes centré sur l'utilisateur et axé sur l'expérience utilisateur. Typeform propose des formulaires attrayants, interactifs et facilement personnalisables qui peuvent être intégrés à votre site Web ou partagés via une URL unique.
- **Hotjar** : Un outil essentiel pour comprendre le comportement des utilisateurs sur votre site Web, comprenant des cartes thermiques, des enregistrements de session et une analyse de l'entonnoir de conversion. Hotjar vous permet également de recueillir les commentaires des utilisateurs via des enquêtes et des sondages.

4. Outils de gestion de la relation client (CRM)

Gérer votre clientèle et suivre leurs besoins et leurs préférences est essentiel dès les premiers stades de votre startup. Les outils CRM vous aident à gérer, analyser et améliorer vos relations clients sans aucune compétence en codage. Certains outils CRM populaires incluent :

- **Airtable** : Une plateforme polyvalente sans code qui combine la puissance des feuilles de calcul et des bases de données, vous permettant de tout créer, des tableaux de gestion de projet aux systèmes CRM personnalisés.

- **Streak** : Outil CRM intégré directement à votre compte Gmail, Streak offre une solution simple et légère pour gérer vos relations clients de manière transparente au sein de votre boîte de réception existante.
- **HubSpot CRM** : une plateforme CRM complète avec des outils de marketing, de vente et de service client prêts à l'emploi. HubSpot CRM est facile à utiliser et offre une large gamme d'intégrations, ce qui le rend adapté aux startups de toutes tailles.

Avec une compréhension approfondie de ces plates-formes et outils essentiels dans votre boîte à outils sans code, vous êtes maintenant prêt à commencer à créer et à valider vos idées de startup rapidement et efficacement. La puissance des MVP sans code est désormais à votre portée. Bonne chance!

2.2 La boîte à outils No-Code : plates-formes et outils essentiels

Dans cette sous-section, nous explorerons les plateformes et outils essentiels qui constituent l'épine dorsale du mouvement no-code. Ces outils et plateformes permettent aux entrepreneurs en herbe, aux chefs de produit et aux visionnaires de se concentrer sur la création et la validation rapides de leurs idées de startup, sans passer des mois en développement.

2.2.1 Plateformes de développement visuel

Les plates-formes de développement visuel permettent de créer des applications Web et mobiles à l'aide d'une interface visuelle, évitant ainsi d'avoir à écrire du code manuellement. Ces plates-formes utilisent généralement une interface glisser-déposer, qui permet aux utilisateurs de créer des interfaces utilisateur et de développer une logique d'application à l'aide de composants prédéfinis. Certaines plates-formes de développement visuel populaires incluent :

1. **Webflow** : Un puissant générateur de sites Web et d'applications qui permet aux utilisateurs de créer, concevoir et développer visuellement des sites Web réactifs. Les fonctionnalités plus avancées de Webflow incluent l'intégration de bases de données, l'authentification des utilisateurs et la possibilité d'intégrer des extraits de code personnalisés. La plate-forme gère également de manière transparente l'hébergement Web et optimise les performances du site avec les réseaux de diffusion de contenu (CDN).

2. **Bubble** : Une plateforme polyvalente pour créer des applications Web à partir de zéro ou à l'aide de modèles personnalisables. Bubble permet aux utilisateurs de créer une logique et des flux de travail complexes, sans écrire de code. Bubble fournit également des fonctionnalités de gestion de bases de données et prend en charge les intégrations tierces à l'aide d'API.

3. **Wix** : Un constructeur de sites Web bien connu et intuitif, permettant aux utilisateurs de créer des sites Web personnalisés grâce à sa grande variété de modèles de conception et son éditeur glisser-déposer. Wix offre des fonctionnalités essentielles

telles que la configuration du commerce électronique, l'authentification des utilisateurs et des intégrations tierces, répondant aux divers besoins des entreprises.

2.2.2 Outils d'automatisation

Les outils d'automatisation sont essentiels pour connecter différentes plates-formes, bases de données et applications afin de créer un flux d'informations transparent entre différents systèmes. Ces outils favorisent l'efficacité et permettent aux utilisateurs de créer de puissants flux de travail automatisés, sans écrire de code. Certains outils d'automatisation populaires incluent :

1. **Zapier** : Une plateforme qui connecte des milliers d'applications et de services, permettant aux utilisateurs d'automatiser l'échange de données et de créer des flux de travail en plusieurs étapes. Zapier offre une logique conditionnelle pour plus de flexibilité dans la création de flux de travail d'automatisation, permettant aux utilisateurs de réduire le travail manuel et de gagner en efficacité dans leurs applications.
2. **Integromat** : Une plateforme d'automatisation puissante qui offre des fonctionnalités similaires à celles de Zapier, avec l'avantage supplémentaire d'un éditeur visuellement intuitif. La particularité d'Integromat réside dans son interface utilisateur, où les utilisateurs peuvent créer des flux de travail d'automatisation à l'aide d'une série de nœuds interconnectés, facilitant ainsi la compréhension du flux de données et des actions.
3. **IFTTT** : un service d'automatisation facile à utiliser qui permet aux utilisateurs de créer des règles simples mais efficaces appelées « applets ». IFTTT connecte plusieurs plates-formes et appareils, permettant aux

utilisateurs d'automatiser les tâches dans l'IoT, les appareils domestiques intelligents et les applications Web.

2.2.3 Solutions de base de données et back-end

La création d'applications nécessite généralement une base de données robuste et sécurisée pour stocker et gérer les données. Les solutions de base de données et backend suivantes sont conviviales sans code et offrent des fonctionnalités personnalisables pour répondre aux diverses exigences du projet :

1. **Airtable** : Une plate-forme de base de données basée sur le cloud fusionnant les fonctionnalités des feuilles de calcul avec la puissance des bases de données relationnelles, permettant aux utilisateurs de créer des bases de données polyvalentes et visuellement attrayantes. Airtable offre une interface intuitive et des fonctionnalités telles que des vues personnalisées, des formulaires et l'intégration d'API.
2. **Xano** : une plate-forme backend flexible en tant que service permettant aux utilisateurs de créer une infrastructure backend complexe, évolutive et sécurisée sans écrire de code. Xano fournit un éditeur simple et de robustes capacités de gestion d'API, permettant aux utilisateurs de connecter leurs applications à diverses sources de données.
3. **Firebase** : une plate-forme backend complète de Google, offrant une variété de services tels que des bases de données en temps réel, l'authentification des utilisateurs, l'apprentissage automatique et l'analyse. L'intégration de Firebase avec des plates-formes sans code telles que Bubble et Webflow

permet aux utilisateurs de créer sans effort des applications dotées de puissantes fonctionnalités backend.

2.2.4 Outils de conception et de prototypage

Les outils de conception et de prototypage sont indispensables pour créer des interfaces utilisateur visuellement attrayantes et tester efficacement les flux UX avant le développement d'applications. Certains outils de conception et de prototypage populaires sont répertoriés ci-dessous :

1. **Figma** : un outil de conception basé sur le cloud qui permet aux utilisateurs de créer sans effort des interfaces utilisateur élégantes et des prototypes interactifs. Figma offre une collaboration en temps réel, ce qui le rend parfait pour les projets de conception en équipe.
2. **Sketch** : Un outil de conception populaire principalement pour les utilisateurs de Mac, qui offre des fonctionnalités similaires à Figma. Sketch permet aux utilisateurs de créer facilement des conceptions d'interface utilisateur, des illustrations vectorielles et des prototypes interactifs.
3. **Adobe XD** : Un outil de conception complet d'Adobe qui s'intègre parfaitement aux autres produits Adobe, offrant la possibilité de créer des conceptions riches et des prototypes interactifs pour les applications Web et mobiles.

Ces plates-formes et outils sans code constituent la base pour donner rapidement vie aux idées de startup, permettant aux entrepreneurs de se concentrer sur la validation de leurs concepts et de mesurer le succès de leur idée de produit. En tirant parti de ces outils, les parties prenantes peuvent évoluer et itérer rapidement leurs produits, réduisant ainsi considérablement le temps écoulé entre l'idéation et le lancement sur le marché.

2.1 Plateformes et outils essentiels que tout non-codeur doit connaître

Avant de plonger dans des exemples de MVP sans code et d'expérimenter vos idées de startup, il est essentiel de vous familiariser avec les principales plates-formes et outils disponibles dans l'écosystème sans code. Comprendre les capacités et les limites de ces plateformes vous permettra de passer de l'idée à l'exécution en toute transparence tout en économisant du temps et des ressources.

Il existe diverses plates-formes et outils sans code, chacun servant un objectif différent, tels que les créateurs de sites Web, les bases de données, les plates-formes de commerce électronique, l'automatisation des flux de travail, les outils de développement visuel, etc. Dans cette section, nous présenterons certains des outils sans code les plus populaires et les plus efficaces que vous devez prendre en compte pour votre parcours MVP sans code.

2.1.1 Créateurs de sites Web

1. **Webflow** : Webflow est une plateforme de conception Web sans code populaire qui vous permet de créer des sites Web réactifs et de gérer le contenu sans écrire de code. Vous pouvez styliser visuellement les éléments, ajouter des animations, créer des

formulaires, gérer tous les paramètres de référencement et personnaliser entièrement votre site. La plate-forme offre de puissantes fonctionnalités CMS vous permettant d'intégrer d'autres outils tels que Zapier et des fonctionnalités de commerce électronique.
2. **Wix** : Wix est un créateur de sites Web sans code facile à utiliser avec une interface conviviale vous permettant de créer des sites Web complets avec une gamme impressionnante d'options de personnalisation. Wix fournit également une bibliothèque de modèles et d'applications prédéfinis avec de nombreuses intégrations tierces disponibles.

2.1.2 Bases de données

1. **Airtable** : Airtable est une base de données conviviale qui ressemble à une feuille de calcul mais offre des fonctionnalités plus puissantes telles que le filtrage, le tri, les relations entre les données et le regroupement de données. Vous pouvez utiliser Airtable comme base de données ou backend pour stocker et gérer vos données essentielles et les connecter à d'autres plates-formes et outils sans code à l'aide d'API ou d'intégrations Zapier.
2. **Google Sheets** : Google Sheets est une feuille de calcul basée sur le cloud largement utilisée, similaire à Microsoft Excel. Cependant, il offre des fonctionnalités de collaboration, d'automatisation et d'intégration qui en font une excellente solution pour les alternatives de bases de données légères lorsque vous travaillez avec des plates-formes sans code.

2.1.3 Plateformes de commerce électronique

1. **Shopify** : Shopify est une plateforme de commerce électronique sans code permettant aux entrepreneurs de créer et de personnaliser des boutiques en ligne sans aucun codage. Il offre un large éventail de fonctionnalités, telles que des outils de gestion des commandes, d'analyse et de marketing, ainsi que des centaines d'applications et d'intégrations tierces.
2. **Gumroad** : Gumroad est une plateforme de commerce électronique sans code spécialement conçue pour permettre aux créateurs de vendre des produits numériques, des adhésions et des abonnements. Il vous permet de créer des pages de destination de produits et de gérer facilement les ventes, ce qui en fait une excellente option pour les startups se concentrant sur les produits numériques.

2.1.4 Automatisation du flux de travail et API

1. **Zapier** : Zapier est un puissant outil no-code qui vous permet d'automatiser et de connecter différentes applications sans écrire de code. Grâce à une vaste bibliothèque d'applications, vous pouvez créer des flux de travail personnalisés qui automatisent les tâches répétitives, telles que l'envoi d'e-mails, la gestion des publications sur les réseaux sociaux et la gestion des données clients.
2. **Integromat** : Integromat est une alternative à Zapier qui offre des fonctionnalités plus avancées, telles que la gestion des erreurs et le routage conditionnel.

Cette plateforme sans code vous permet de concevoir visuellement et d'automatiser les processus entre différentes applications sans codage.

2.1.5 Outils de développement visuel et créateurs d'applications

1. **Bubble** : Bubble est une plateforme de développement visuel sans code qui vous permet de créer des applications Web et mobiles sans écrire de code. Vous pouvez concevoir l'interface de votre application à l'aide d'un éditeur glisser-déposer, créer des structures de données personnalisées et définir des automatisations de flux de travail via une interface de programmation visuelle.
2. **Adalo** : Adalo est une plateforme de développement d'applications sans code qui rend la création d'applications mobiles aussi simple que la conception d'un site Web. Avec une interface simple par glisser-déposer, vous pouvez créer des applications mobiles natives pour iOS et Android sans aucun codage, gérer les données et intégrer divers services API.

2.1.6 Chatbots et messagerie

1. **Landbot** : Landbot vous permet de créer des chatbots sans écrire de code. À l'aide d'une interface glisser-déposer, vous pouvez concevoir visuellement le flux de conversation de votre chatbot, collecter des données utilisateur et l'intégrer à d'autres applications telles que des plateformes CRM ou de messagerie.
2. **ManyChat** : ManyChat fournit une plateforme sans code pour créer des chatbots Facebook Messenger avec un générateur de flux visuel. Vous pouvez

configurer des séquences de messagerie automatisées, segmenter votre audience et même créer de simples robots pour votre boutique de commerce électronique à l'aide de modèles.

Ces plateformes et outils devraient servir de point de départ pour explorer le paysage du no-code. Gardez à l'esprit que l'écosystème no-code est en constante évolution et que de nouveaux outils émergent régulièrement. Lors de la sélection d'une plateforme ou d'un outil, assurez-vous qu'il répond aux exigences de votre entreprise, aux contraintes de coûts et aux besoins d'évolutivité. Expérimentez avec ces outils, familiarisez-vous avec leurs capacités et laissez-les alimenter votre parcours MVP sans code.

3. Définir votre idée de startup : le problème, la solution et le public cible

3.1. Identifier le problème principal

L'une des étapes essentielles à la création d'une startup réussie consiste à identifier le problème principal que vous souhaitez résoudre. Dans cette sous-section, nous vous guiderons tout au long du processus de détermination du problème que votre startup va résoudre, de la manière d'élaborer une solution unique et du public cible que vous servirez.

Pourquoi l'identification des problèmes est importante

Dans le monde des startups, chaque produit ou service à succès repose sur la résolution d'un problème spécifique. Commencez par résoudre un problème et les chances de réussite de votre startup augmenteront considérablement. D'un autre côté, si vous créez un produit sans résoudre un problème clair, il vous sera beaucoup plus difficile d'attirer des utilisateurs ou des clients.

Étapes pour identifier le problème principal

Pour définir le problème principal, considérez les étapes suivantes :

1. **Identifiez les points faibles** : commencez par réfléchir aux défis ou aux frustrations auxquels vous, vos amis ou votre famille êtes régulièrement confrontés. Gardez l'esprit ouvert et soyez attentif aux problèmes auxquels les gens autour de vous sont confrontés dans divers aspects de la vie, du travail et des relations à la santé et aux finances.
2. **Validez le problème** : une fois que vous avez identifié un problème, creusez plus profondément pour comprendre la cause profonde du problème. Parlez avec des personnes qui ont rencontré le problème, recherchez des discussions en ligne sur le sujet et demandez l'avis d'experts pour avoir un aperçu de l'ampleur et de la portée du problème. Assurez-vous que le problème est suffisamment important pour justifier une solution.
3. **Évaluer les solutions existantes** : Étudier les solutions existantes au problème. Examinez leurs forces, leurs faiblesses et leurs lacunes. Identifiez les domaines dans lesquels vous pouvez innover et offrir une valeur qui différencie votre solution de ce qui est actuellement disponible.
4. **Affinez votre énoncé de problème** : utilisez vos idées pour élaborer un énoncé de problème clair et concis. Il doit s'agir d'une brève description qui

expose l'essence du problème et son impact sur les utilisateurs qui le rencontrent.

3.2. Créer une solution unique

Après avoir défini le problème principal, l'étape suivante consiste à concevoir une solution unique qui apporte une valeur significative à l'utilisateur. Votre produit ou service doit résoudre le problème directement et efficacement d'une manière qui le différencie des autres solutions disponibles.

Transformer les informations sur les problèmes en solutions

Voici quelques bonnes pratiques pour élaborer une solution unique :

1. **Tirez parti de vos compétences et de votre expertise** : Tenez compte de vos propres compétences et connaissances. Tirer parti de votre expérience unique peut vous donner un avantage sur le marché.
2. **Innover** : N'ayez pas peur de sortir des sentiers battus. Expérimentez de nouvelles technologies, processus ou modèles commerciaux pour créer une solution différenciée adaptée à votre public cible.
3. **Simplifier** : concentrez-vous sur la simplification de l'expérience utilisateur. Décomposez le problème en petits morceaux et résolvez-les avec des solutions ciblées et faciles à comprendre.
4. **Itérer** : affinez et améliorez continuellement votre solution. Les commentaires des premiers utilisateurs sont essentiels pour rendre le processus d'itération transparent et efficace.

3.3. Définir votre public cible

Un public cible bien défini est crucial pour le succès de votre startup. En pensant à un public spécifique, vous pouvez adapter les fonctionnalités de votre produit et votre stratégie de communication en conséquence, optimisant ainsi vos efforts marketing et maximisant le potentiel de croissance de votre startup.

Limiter vos clients potentiels

Pour définir votre public cible, suivez ces étapes :

1. **Segmenter le marché** : Commencez par segmenter le marché en fonction des données démographiques, psychographiques, des comportements ou des besoins. Essayez d'identifier des modèles ou des tendances qui relient les utilisateurs les plus touchés par le problème.
2. **Mener des recherches sur les utilisateurs** : menez des entretiens, des enquêtes ou des groupes de discussion avec des clients potentiels pour mieux comprendre leurs besoins, leurs motivations et leurs préférences liées au problème.
3. **Développer des personas** : une fois que vous avez recueilli des informations sur vos clients potentiels, créez des personas d'utilisateur, des personnages fictifs qui les représentent. Incluez des détails tels que l'âge, la profession, les objectifs, les problèmes et les préférences pour dresser un tableau clair de leurs besoins et de leurs attentes.
4. **Validez l'audience** : Avant de finaliser votre audience cible, assurez-vous qu'elle est suffisamment large pour soutenir la croissance de votre startup. Recherchez la taille du marché, les tendances du

secteur et le potentiel de croissance pour prendre une décision éclairée.

En définissant minutieusement votre idée de startup, le problème qu'elle résout et la solution qu'elle propose, vous préparez le terrain pour un MVP sans code simple et percutant. Un public cible bien défini garantit que votre produit trouve un écho auprès des clients potentiels et augmente les chances de succès de votre startup.

Dans le chapitre suivant, nous explorerons comment créer un MVP sans code et le tester avec de vrais utilisateurs pour valider votre idée de startup rapidement et efficacement.

3. Définir votre idée de startup : le problème, la solution et le public cible

3.1. Identifier le problème

Avant même de commencer à penser à la création d'un MVP No-Code, il est crucial d'identifier clairement le problème que vous souhaitez résoudre. C'est le fondement de votre startup et cela guidera toutes les décisions que vous prendrez à l'avenir. Commencez par vous poser les questions suivantes :

- Quel est le principal problème que ma startup essaie de résoudre ?
- Ce problème est-il partagé par un groupe de personnes suffisamment large ?
- Existe-t-il des solutions existantes à ce problème ? Si oui, comment puis-je les différencier ou les améliorer ?

Pour augmenter vos chances de succès, votre problème doit être non seulement courant, mais aussi urgent ou grave. Commencez par étudier le marché et discutez avec des clients potentiels pour identifier les points faibles et valider que le problème mérite d'être résolu.

3.2. Élaborer une solution solide

Une fois que vous êtes sûr d'avoir une compréhension claire du problème, l'étape suivante consiste à concevoir une solution innovante. Faites attention à ne pas vous lancer dans les caractéristiques du bâtiment ; concentrez-vous plutôt sur la résolution du problème principal d'une manière simple et efficace pour votre public cible. Ce sera la proposition de valeur pour votre startup.

Pour développer votre solution, considérez les éléments suivants :

- Quelle est la manière la plus simple de résoudre le problème ?
- Comment puis-je rendre la solution évolutive et rentable ?
- Quelle technologie ou quels outils No-Code puis-je exploiter pour rationaliser le processus ?

Gardez à l'esprit que votre solution initiale évoluera probablement à mesure que vous validez votre idée d'entreprise et recueillez les commentaires de vos utilisateurs. La clé est de rester simple et agile, en se concentrant sur les fonctionnalités qui offrent le plus de valeur à vos utilisateurs.

3.3. Définir votre public cible

Chaque produit ou service à succès a un public cible bien défini – un groupe spécifique de personnes pour qui la solution a été conçue. Plus vous pourrez définir précisément votre public cible, mieux vous serez en mesure d'adapter votre offre et vos messages marketing pour atteindre les bonnes personnes.

Lorsque vous définissez votre public cible, pensez à :

- Données démographiques (âge, sexe, revenu, éducation, profession)
- Géographie (pays, région, ville)
- Psychographie (intérêts, valeurs, attitudes)
- Modèles comportementaux (comportement d'achat, activité en ligne, utilisation du produit)

Pour mieux comprendre votre public cible, vous pouvez créer des personnages d'utilisateurs : des personnages fictifs mais détaillés qui représentent vos clients idéaux. La création de personnalités d'utilisateurs peut vous aider à découvrir des informations sur les besoins, les préférences et les problèmes de votre public, vous permettant ainsi de prendre de meilleures décisions concernant le développement de votre MVP No-Code.

3.4. Mettre tout cela ensemble : la proposition de valeur

Avec une compréhension claire du problème, de la solution et du public cible, il est temps de formuler votre proposition de valeur. Il s'agit d'une déclaration concise qui explique de manière concise et convaincante pourquoi votre startup est unique et comment elle ajoute de la valeur à vos clients.

Votre proposition de valeur doit répondre aux questions
suivantes :

- Quel est le principal avantage de mon produit ou
  service ?
- Qui sont mes clients cibles et quels sont leurs besoins
  ?
- En quoi ma solution diffère-t-elle des offres existantes
  sur le marché ?
- Pourquoi mon public cible devrait-il choisir ma
  solution plutôt que des alternatives ?

Élaborer une proposition de valeur puissante n'est pas une
tâche facile, mais il est essentiel de donner une direction et
une orientation à votre startup. Une proposition de valeur
forte vous distinguera de vos concurrents, attirera des clients
et, à terme, ouvrira la voie au succès de votre MVP No-
Code.

3.1 Le problème : identifier les vrais problèmes

3.1.1 Reconnaître un véritable besoin

L'un des aspects les plus critiques de la définition de votre
idée de startup est d'identifier un problème réel rencontré
par les clients potentiels. N'oubliez pas que les gens ne
recherchent pas nécessairement de nouveaux produits ou
services ; ils souhaitent souvent des solutions à leurs
problèmes. En tant que fondateur de startup, votre objectif
principal est de découvrir et de comprendre les difficultés du
marché et de trouver des moyens innovants pour les
atténuer. Voici quelques techniques utiles que vous pouvez
utiliser pour reconnaître un véritable besoin :

- Recherche : plongez dans les rapports de l'industrie, lisez des articles universitaires ou rejoignez des forums liés à votre secteur pour mieux comprendre les problèmes majeurs auxquels est confronté le public cible.
- Parlez à votre public cible : interviewez des personnes réelles confrontées au problème. Faites preuve d'empathie avec les défis auxquels ils sont confrontés et efforcez-vous de comprendre le niveau d'impact sur leur vie quotidienne.
- Observez le comportement des utilisateurs : analysez et interprétez la façon dont les gens réagissent actuellement au problème. Cette étude vous aidera à comprendre les stratégies qu'ils utilisent vis-à-vis des outils qui leur manquent.

3.1.2 Quantification du problème

Après avoir identifié et compris le problème, il est crucial d'en évaluer l'importance. Quantifier avec précision le problème vous aidera à évaluer la taille potentielle du marché de votre solution et à estimer la valeur future de votre startup.

- Impact : mesurez l'étendue de la portée du problème, qu'il affecte la vie quotidienne d'une personne, l'efficacité d'une organisation ou un secteur d'activité plus large.
- Fréquence : déterminez la fréquence à laquelle le problème se présente pour mieux comprendre l'urgence et l'importance de la solution.
- Coût : estimez la valeur monétaire du problème en termes de pertes subies ou de bénéfices manqués, fournissant ainsi un indicateur tangible de la demande pour la solution.

3.2 La solution : élaborer une offre convaincante

3.2.1 Générer des idées

Une fois que vous avez identifié et quantifié le problème, il est temps de réfléchir à des solutions innovantes. Voici quelques conseils pour vous aider à relancer votre créativité :

- Les produits ou services existants peuvent-ils être améliorés pour résoudre le problème plus efficacement ?
- Existe-t-il des marchés adjacents sur lesquels des solutions pourraient être adaptées pour résoudre le problème ?
- Pouvez-vous intégrer des technologies de pointe pour générer une solution unique ?

Lors du brainstorming, essayez de penser au-delà des approches conventionnelles et favorisez un environnement de génération d'idées sans jugement, en embrassant toutes les idées possibles avant de les affiner.

3.2.2 Validation des idées

Générer plusieurs idées de solutions est une excellente chose, mais il est crucial de s'assurer que ces idées sont réalisables avant d'aller de l'avant. Validez vos concepts en considérant :

- Unicité : analysez la concurrence et évaluez en quoi votre idée se différencie des solutions existantes.

- Exécution : Évaluer la faisabilité technique et opérationnelle de la mise en œuvre de l'idée.
- Attrait du marché : vérifiez si votre public cible trouve l'idée attrayante et est prêt à payer pour cela.

3.3 Le public cible : définir votre client idéal

3.3.1 Segmentation

Identifier et comprendre votre public cible vous permet d'adapter votre solution directement à ses besoins et préférences. Segmentez le marché selon diverses dimensions, telles que les données démographiques, psychographiques et les modèles comportementaux. Voici quelques facteurs clés à considérer :

- Âge
- Genre
- Industrie
- Rôle de l'emploi
- Localisation géographique
- Revenu
- Loisirs et hobbies
- Points douloureux et besoins

3.3.2 Création de personnalités client

Les personas clients sont des représentations semi-fictives de vos clients idéaux, synthétisées à partir de vos études de marché et de vos données. Concevoir des personnages détaillés peut vous aider à :

- Créez de l'empathie entre l'équipe de startup et les clients potentiels.
- Adaptez efficacement le message et l'image de marque de votre produit.
- Testez et validez des caractéristiques et fonctionnalités spécifiques en fonction des préférences personnelles.

Lors de la création de personnalités client, assurez-vous qu'elles sont représentatives de votre public cible et envisagez plusieurs scénarios pour une compréhension plus complète des utilisateurs finaux.

3.3.3 Priorisation des personas

À mesure que votre startup évolue, il est difficile de répondre à tous les besoins, surtout lorsque les ressources et le temps sont limités. Il est donc important de donner la priorité aux personnages les plus précieux et les plus accessibles. Évaluez l'impact potentiel de chaque personnage sur votre entreprise, en tenant compte de facteurs tels que :

- Taille du segment de marché
- Accessibilité en termes de canaux de marketing et de distribution
- La volonté et la capacité d'acheter votre solution

En vous concentrant sur les personnalités client les plus cruciales, vous pouvez allouer efficacement les ressources et les efforts tout en établissant une adéquation produit-marché.

En conclusion, définir votre idée de startup comprend une compréhension approfondie du problème, l'élaboration d'une solution convaincante et l'identification de votre client idéal. En suivant ces étapes cruciales, vous serez sur la bonne voie pour créer un MVP No-Code évolutif et réussi qui offre une réelle valeur à votre public cible.

3.1 Identifier le problème : le cœur de votre idée de startup

Chaque startup réussie repose sur la résolution d'un problème ou la réponse à un besoin. Que vous créiez un produit ou proposiez un service, tout commence par comprendre le problème avant de plonger dans la solution potentielle. En tant que fondement de votre startup, le problème doit non seulement être clair et concis, mais doit également être pertinent et important pour votre public cible.

Pourquoi est-il important d'identifier le problème ?

Définir le problème est crucial car cela jettera les bases du reste de votre processus MVP sans code. Il permet de se concentrer précisément sur ce que vous essayez de réaliser et vous aide à proposer des solutions innovantes. Il joue également un rôle essentiel dans la définition de votre public cible et dans la communication de la proposition de valeur unique de votre startup.

3.1.1 Comprendre le problème

Pour commencer à comprendre le problème, commencez par vous poser ces questions :

1. **Quel est le problème que vous essayez de résoudre ?** Énoncez clairement le problème que vous avez identifié et expliquez pourquoi il est important.

2. **Qui est actuellement confronté à ce problème ?**
   Identifiez les personnes ou les organisations qui sont
   aux prises avec le problème que vous souhaitez
   résoudre.
3. **Comment les gens tentent-ils actuellement de
   résoudre ce problème ?** Analysez les solutions
   existantes sur le marché et identifiez leurs
   inefficacités et leurs limites.

Vous pouvez soit écrire les réponses, soit créer une carte
mentale pour explorer et conceptualiser visuellement le
problème. Dans tous les cas, assurez-vous de revoir et
d'affiner votre compréhension du problème tout au long du
processus de développement MVP sans code.

3.1.2 Valider le problème

Une fois que vous avez une compréhension claire du
problème, il est important de le valider pour vous assurer
que cela vaut la peine d'investir votre temps et vos
ressources dans la recherche d'une solution. Valider le
problème signifie confirmer que le problème existe
effectivement et affecte un public important qui est prêt à
payer pour une solution.

Pour valider le problème, envisagez les approches
suivantes :

1. **Réaliser des études de marché :** effectuez des
   recherches approfondies pour recueillir des données,
   des tendances et des avis sur le secteur auprès de
   votre public cible, de vos concurrents et des experts
   du secteur.
2. **Parlez à des clients potentiels :** interrogez votre
   public cible pour avoir un aperçu de ses problèmes,

de ses besoins et de ses préférences liés au problème.

3. **Testez les solutions existantes :** utilisez des produits ou des services existants qui tentent de résoudre le problème pour voir s'ils sont efficaces et où ils échouent.
4. **Réalisez des enquêtes et des questionnaires :** recueillez les commentaires des utilisateurs potentiels sur leurs expériences avec le problème et ce qu'ils attendent d'une solution idéale.

Validez le problème en collectant des preuves concrètes qui démontrent son impact et son importance pour votre public cible.

3.2 Élaborer la solution : votre proposition de valeur unique

Maintenant que vous avez défini et validé le problème, il est temps d'élaborer votre solution. C'est ici que vous devrez réfléchir à la proposition de valeur unique que votre startup propose à votre public cible. En d'autres termes, en quoi votre produit ou service est-il meilleur ou différent des solutions existantes ?

3.2.1 Articuler la solution

Pour définir de manière claire et concise votre solution, répondez aux questions suivantes :

1. **Quel est votre produit ou service ?** Décrivez votre solution en termes simples et clairs.
2. **Comment votre solution résout-elle le problème ?** Expliquez comment votre produit ou service contribue

à résoudre le problème et à soulager les points douloureux.

3. **Qu'est-ce qui rend votre solution unique ?** Identifiez les attributs, fonctionnalités ou avantages uniques qui différencient votre solution des options existantes sur le marché.

Soyez précis en décrivant les aspects clés de votre solution, car cela vous aidera à la communiquer avec clarté au cours des étapes ultérieures du développement et de la commercialisation du MVP.

3.2.2 Affiner la solution

Parfois, votre solution initiale peut ne pas être parfaite ni même réalisable. Il est donc essentiel d'affiner votre solution en fonction des commentaires que vous recevez de votre public cible et des autres parties prenantes. Pensez à organiser une autre série d'entretiens, d'enquêtes ou même à créer un prototype de base pour recueillir des commentaires qui vous aideront à améliorer votre solution.

3.3 Identifier votre public cible : qui bénéficiera de votre solution ?

Un aspect crucial de la définition de votre idée de startup consiste à identifier le public cible, c'est-à-dire le groupe de personnes ou d'organisations qui tireront le plus de valeur de votre solution. Votre public cible est le groupe sur lequel vous devez concentrer vos efforts de marketing et de développement de produits.

3.3.1 Segmentation de l'audience

Lors de l'identification de votre public cible, il est essentiel d'être aussi précis que possible en vous concentrant sur des données démographiques, des secteurs ou d'autres caractéristiques particulières. Envisagez de segmenter votre public cible en groupes plus précis en fonction de :

1. **Données démographiques** : âge, sexe, niveau d'éducation, état civil, etc.
2. **Localisation géographique** : pays, région, ville ou climat.
3. **Psychographie** : traits de personnalité, valeurs, passe-temps et préférences de style de vie.
4. **Caractéristiques comportementales** : habitudes de dépenses, fidélité à la marque, modèles d'utilisation des produits, etc.

En segmentant votre audience, vous serez mieux placé pour développer un MVP sans code plus efficace, adapter vos stratégies marketing et communiquer la valeur unique de votre solution à un marché réceptif.

3.3.2 Valider votre public cible

Tout comme pour valider le problème, il est essentiel de valider que le public cible que vous avez identifié recherche activement une solution et est prêt à payer pour cela. Validez votre public cible en appliquant les mêmes méthodes que celles utilisées pour la validation des problèmes, telles que la conduite d'entretiens, la réalisation d'enquêtes et l'étude de la concurrence.

En conclusion, définir votre idée de startup nécessite de se concentrer profondément sur la compréhension du problème, l'élaboration d'une solution innovante et l'identification de votre public cible. Au fur et à mesure que vous progressez dans le processus de développement MVP sans code, soyez prêt à itérer et à affiner votre idée de startup en fonction des commentaires et de nouvelles informations. N'oubliez pas que les startups sont dynamiques et que s'adapter constamment aux nouvelles informations est essentiel pour réussir.

3.1 Le problème : identifier le besoin

L'un des aspects les plus critiques du démarrage d'une entreprise prospère consiste à identifier un problème à résoudre. Un problème représente un écart entre l'état actuel et un état souhaité, et votre idée de startup est votre approche pour combler cet écart avec une solution innovante.

Pour définir le problème que vous souhaitez résoudre, vous pouvez commencer par les questions suivantes :

- *Quel problème ou quel problème essayons-nous de résoudre ?* Soyez précis et concis, car cela vous aidera à solidifier le problème et à le rendre plus compréhensible.
- *À qui est le problème ?* Identifier précisément votre public cible vous aidera à comprendre l'ampleur du problème et la demande potentielle pour votre produit ou solution.
- *Comment le problème est-il actuellement résolu ?* Recherchez le paysage existant pour identifier les concurrents, les offres complémentaires ou même les partenaires potentiels.
- *Quelles sont les limites des solutions existantes ?* Il peut s'agir du coût, de l'efficacité, de l'évolutivité ou même des inconvénients. Identifier les lacunes des solutions actuelles vous aidera à comprendre ce que les clients pourraient rechercher comme meilleure alternative.

N'oubliez pas que tous les problèmes ne sont pas égaux : certains problèmes peuvent être vécus quotidiennement par une majorité de personnes, tandis que d'autres peuvent n'avoir un impact que sur un groupe spécialisé. Votre travail consiste à déterminer si le problème que vous avez identifié est suffisamment important pour que les gens paient pour la solution que vous proposez.

3.2 La solution : proposer votre approche innovante

Une fois que vous avez défini le problème, vous pouvez commencer à affiner votre idée de startup en élaborant une solution unique, viable et attrayante. Cela implique de réfléchir à des moyens créatifs de résoudre le problème qui soient supérieurs aux alternatives existantes. Pour renforcer la solution proposée, tenez compte des facteurs suivants :

- *Quelle est votre proposition de valeur ?* Votre proposition de valeur est une déclaration claire des avantages offerts par votre produit ou service, et elle devrait être la principale raison pour laquelle les clients potentiels choisiraient votre solution plutôt que celle d'un concurrent.
- *En quoi votre solution est-elle unique ou différente des alternatives existantes ?* Pensez aux caractéristiques et aux éléments de votre produit ou service qui le distinguent des autres offres.
- *Existe-t-il des barrières à l'entrée pour les concurrents ?* Identifiez tous les avantages concurrentiels potentiels dont vous disposez et qui rendraient difficile la reproduction de votre idée par d'autres.

Il est important de se rappeler que votre solution n'a pas besoin d'être parfaite pour commencer à valider votre idée de startup : le processus de validation vous aidera naturellement à affiner et à optimiser votre offre. Commencez avec un produit minimum viable (MVP) – la version la plus basique de votre produit – et utilisez les commentaires pour itérer et vous améliorer au fur et à mesure que vous avancez.

3.3 Le public cible : comprendre vos clients

Comprendre votre public cible est crucial pour de nombreuses raisons, de la commercialisation efficace de votre produit à l'itération et à l'affinement de votre offre en fonction des commentaires des clients. Pour identifier exactement qui vous servirez, tenez compte des caractéristiques de ceux qui sont confrontés au problème que vous essayez de résoudre.

Commencez par répondre à ces questions :

- *Qui est le plus touché par le problème ?* Il peut s'agir d'une zone démographique, industrielle ou géographique spécifique.
- *Quels autres attributs partagent vos clients potentiels ?* Cela peut inclure leurs habitudes, leurs préférences ou leurs valeurs et vous aidera à mieux comprendre leurs besoins et leurs désirs.
- *Qu'est-ce qui motive votre public cible ?* En d'autres termes, qu'est-ce qui est le plus important pour eux par rapport au problème que vous essayez de résoudre ?
- *Où pouvez-vous trouver votre public cible ?* Savoir où votre marché cible passe son temps – en ligne ou hors ligne – sera inestimable lorsqu'il s'agira de l'atteindre avec vos efforts marketing.

Une fois que vous avez une compréhension claire de votre public cible, vous pouvez commencer à créer des personas – des personnages fictifs qui incarnent les traits et les caractéristiques de vos utilisateurs idéaux. Utilisez ces personnages comme référence utile lors du développement de produits et du marketing pour vous assurer que vos messages trouvent un écho auprès de vos clients et que votre solution répond à leurs besoins.

En résumé, réussir à définir votre idée de startup implique de clarifier le problème que vous résolvez, de proposer une solution unique et innovante et d'identifier votre public cible. Une fois ces éléments en place, vous disposerez d'une base solide pour commencer à valider votre idée et à répéter votre MVP pour réussir.

4. Concevoir une expérience utilisateur convaincante : prototypage et conception de produits

###Wireframes et maquettes : visualiser votre produit

Avant de plonger dans les outils sans code pour commencer à créer votre prototype, il est essentiel de prendre le temps de réfléchir à ce à quoi ressemblera votre produit, à quoi il ressemblera et à la manière dont vos utilisateurs interagiront avec lui. Pour cela, vous devez commencer par **des wireframes et des maquettes** . Ces croquis ou diagrammes simples, souvent en noir et blanc, vous feront gagner d'innombrables heures de développement car ils fournissent une représentation visuelle de votre application ou de votre produit.

Maquettes

L'objectif principal de la création de wireframes est de présenter la structure globale et les composants de votre application ou produit. Ils sont comme les « plans » de votre futur prototype. Les wireframes offrent plusieurs avantages :

- Ils vous aident à visualiser à l'avance les composants dont vous aurez besoin pour chaque partie de votre application ou de votre site Web.
- Puisqu'ils ne sont pas axés sur l'esthétique, les wireframes vous permettent de vous concentrer sur la fonctionnalité et l'interactivité.
- Les wireframes sont rapides à créer et faciles à mettre à jour, ce qui signifie que vous pouvez itérer rapidement sur votre conception et recevoir des commentaires si nécessaire.

Il existe de nombreux outils disponibles pour créer des wireframes, à la fois gratuits et payants. Certaines options populaires incluent Sketch, Figma, Balsamiq Mockups et Adobe XD. Quel que soit l'outil que vous utilisez, n'oubliez pas que le but d'un wireframe est de présenter les éléments de base de votre application, et non de concevoir l'ensemble.

Maquettes

Alors que les wireframes définissent la structure et les composants, les maquettes ajoutent une couche de visuels à ces structures. Les maquettes sont plus détaillées que les wireframes et représentent l'apparence de votre produit ou application, y compris les couleurs, la typographie, les icônes et les images. Ils sont utiles pour :

- Fournir une représentation plus réaliste de votre application, facilitant ainsi la communication et le partage avec les autres
- Vous aider à identifier toute incohérence dans votre conception et à découvrir les problèmes potentiels avant le début du développement réel
- Clarifier toutes les hypothèses que vous avez formulées concernant l'interface utilisateur ou la conception globale de votre application

Comme pour les wireframes, il existe de nombreux outils disponibles pour créer des maquettes. Certains des choix populaires sont Sketch, Figma, Adobe XD et InVision. Lors de la création de vos maquettes, gardez à l'esprit qu'elles sont destinées à donner une image claire de l'apparence du produit final, alors prenez le temps d'examiner attentivement chaque aspect visuel.

Création d'un flux d'utilisateurs

Une fois que vous avez créé des wireframes et des maquettes, l'étape suivante consiste à cartographier le flux des utilisateurs : littéralement, les étapes que les utilisateurs suivront pour naviguer dans votre application ou votre produit. L'objectif principal de la conception des flux d'utilisateurs est de garantir que votre produit offre une expérience fluide du début à la fin.

Pour créer un flux d'utilisateurs, procédez comme suit :

1. **Définissez les objectifs :** notez les principaux objectifs ou tâches que les utilisateurs sont censés effectuer avec votre application, comme s'inscrire, acheter un produit ou rechercher des informations.

2. **Répertoriez les étapes :** pour chaque objectif, notez les étapes détaillées que les utilisateurs doivent suivre pour atteindre leurs objectifs.
3. **Créez un organigramme :** représentez visuellement le parcours utilisateur en créant un organigramme simple qui relie chaque étape du processus global. Utilisez des flèches et des points de décision pour indiquer les connexions ou les chemins de bifurcation.
4. **Identifiez les problèmes potentiels :** examinez votre organigramme et identifiez les obstacles possibles, les moments déroutants ou les étapes inutiles. Recherchez des opportunités pour simplifier l'expérience utilisateur ou la rendre plus intuitive.

Une fois votre flux d'utilisateurs terminé, il est temps de connecter vos wireframes et vos maquettes pour créer une compréhension plus complète de la conception de votre produit. Ce groupe de documents interconnectés peut être appelé **kit UI/UX de votre produit** .

Donner vie à votre conception : créer un prototype interactif

Maintenant que vous avez une compréhension claire des composants principaux et de l'expérience utilisateur de votre application ou produit, il est temps de le rendre interactif. Un prototype interactif est une étape essentielle dans le processus de construction et de validation de votre idée de startup puisqu'il vous permet de découvrir et de tester comment votre application fonctionnera et comment les utilisateurs interagiront avec elle. Avec un prototype fonctionnel, vous pouvez recueillir des commentaires et apporter les modifications nécessaires avant d'engager des ressources dans le développement complet.

Lors de la construction d'un prototype interactif, l'approche sans code s'avère utile. Il existe de nombreux outils sans code disponibles pour vous aider à créer rapidement des prototypes fonctionnels pouvant être testés sur divers appareils. Certains outils de prototypage sans code populaires incluent InVision, Framer, Webflow et Bubble. Chacun a ses attributs et ses limites, alors assurez-vous de choisir celui qui correspond le mieux à vos besoins.

Lorsque vous construisez votre prototype à l'aide de l'outil sans code de votre choix, utilisez vos wireframes et votre kit UI/UX pour vous guider dans l'ajout de composants et la conception de la mise en page, en veillant à garder la convivialité et l'expérience utilisateur au premier plan de votre esprit.

Une fois votre prototype terminé, il est temps de le tester auprès de vrais utilisateurs. Partagez le lien vers votre prototype avec un groupe diversifié de personnes et encouragez-les à explorer, interagir et découvrir tout problème potentiel ou domaine d'amélioration. Idéalement, vous devriez tester votre prototype auprès d'utilisateurs qui correspondent à votre public cible pour obtenir les commentaires les plus précis et les plus pertinents.

Valider et itérer : tester votre prototype et recueillir des commentaires

Avec votre prototype entre les mains de vos testeurs, votre principale priorité devrait être de recueillir et d'évaluer les commentaires. Les testeurs peuvent identifier des problèmes cachés, suggérer des améliorations ou révéler des fonctionnalités essentielles à leur expérience utilisateur. Ces commentaires vous guideront finalement dans l'affinement et l'itération de la conception de votre produit.

Lorsque vous recueillez des commentaires, gardez ces conseils à l'esprit :

- Fournissez une méthode claire permettant aux utilisateurs de partager leurs réflexions, comme un formulaire de commentaires, une adresse e-mail ou une fonction de chat.
- Encouragez les commentaires honnêtes, en recherchant des commentaires positifs et négatifs.
- Évitez les questions suggestives qui pourraient fausser les résultats ou influencer les opinions des testeurs.
- Prenez des notes, enregistrez vos observations et compilez vos résultats pour une analyse ultérieure.

Après avoir recueilli les commentaires de vos testeurs, identifiez les problèmes les plus courants ou les plus urgents, hiérarchisez-les et catégorisez-les, puis commencez à itérer sur votre conception pour répondre à ces préoccupations. Ce processus peut impliquer la mise à jour des wireframes, la refonte des maquettes et la modification des flux d'utilisateurs, tout en restant concentré sur la création d'une expérience utilisateur transparente et intuitive qui répond aux véritables problèmes, désirs et attentes de votre public cible.

N'oubliez pas que créer et valider une idée de startup est un processus continu d'apprentissage, d'itération et d'amélioration. Pour réussir, vous devez constamment faire évoluer votre application ou votre produit en fonction des commentaires des utilisateurs et de l'évolution des conditions du marché. En tirant parti de la puissance des outils et techniques sans code, vous pouvez rapidement adapter et améliorer votre prototype, garantissant ainsi que vous êtes toujours sur la bonne voie pour atteindre l'adéquation produit-marché.

4.1 Prototypage et conception de produits : étapes clés pour créer un MVP sans code avec une UX exceptionnelle

Lorsque vous créez un MVP (Minimum Viable Product) sans code, vous n'essayez pas seulement de créer quelque chose de fonctionnel : votre objectif est de développer une offre si irrésistible que les utilisateurs sont ravis de l'essayer, adorent l'utiliser et ne peuvent pas attendre. pour en parler à leurs amis. Pour y parvenir, vous devez concevoir un produit avec une expérience utilisateur (UX) exceptionnelle. Les étapes suivantes vous guideront tout au long du processus de création d'un MVP sans code qui offre exactement cela.

4.1.1 Comprendre vos utilisateurs

Avant même de commencer à concevoir votre MVP, vous devez savoir pour qui vous le concevez. Comprendre votre public cible, ses comportements, ses préférences et ses points faibles vous permettra de concevoir une offre qui lui correspond vraiment. Commencez par les techniques suivantes :

- **Personas :** créez des personnages fictifs qui représentent vos utilisateurs idéaux : qui ils sont, ce qu'ils font, ce qui les intéresse et quels sont leurs objectifs.
- **Cartes d'empathie :** utilisez-les pour capturer les pensées, les émotions et les expériences des utilisateurs, vous aidant ainsi à comprendre leurs besoins.
- **Cartographie du parcours utilisateur :** identifiez les différentes étapes par lesquelles passent vos utilisateurs lorsqu'ils interagissent avec votre produit,

ainsi que les émotions et les actions qu'ils
entreprennent au cours de chaque phase.

4.1.2 Définir le problème

Votre MVP doit résoudre un problème spécifique ou
répondre à un besoin clair de votre public cible. Pour définir
ceci :

- Identifiez les plus gros problèmes ou les besoins non
  satisfaits dans la vie de vos utilisateurs.
- Mener des recherches sur les utilisateurs, des
  entretiens ou des enquêtes pour valider le problème
  et mieux comprendre les points de vue des
  utilisateurs.
- Exprimez clairement le problème que vous souhaitez
  résoudre et établissez un consensus au sein de votre
  équipe.

4.1.3 Conceptualisez votre solution

Maintenant que vous comprenez vos utilisateurs et leurs
défis, vous pouvez commencer à réfléchir à des solutions
potentielles. Considérer ce qui suit:

- Esquissez ou notez les fonctionnalités possibles et
  les flux d'utilisateurs qui résolvent le problème.
- Validez votre solution auprès de vrais utilisateurs –
  menez des entretiens et analysez leurs réactions pour
  déterminer si votre solution répond réellement à leurs
  besoins.
- Affinez et itérez votre solution en fonction des
  commentaires, en vous assurant qu'elle répond
  réellement aux problèmes des utilisateurs.

4.1.4 Créer des wireframes

Avant de créer votre MVP, visualisez le produit final en
créant des wireframes. Ces représentations simples,
semblables à des croquis, affichent la mise en page et les
principales fonctionnalités de votre application ou site Web.

- Utilisez un outil de wireframing sans code pour créer
  des wireframes pour chaque étape de votre flux
  utilisateur.
- Assurez-vous que vos wireframes sont axés sur les
  besoins des utilisateurs et présentent clairement votre
  solution.
- Validez vos wireframes auprès des utilisateurs, en
  intégrant leurs commentaires pour améliorer l'UX.

4.1.5 Prototype et essai

Une fois les wireframes en main, il est temps de les convertir
en un prototype cliquable – une représentation réaliste de
votre produit final. Bien que des outils sans code complets
puissent être utilisés ici, envisagez d'utiliser un outil de
prototypage spécialisé pour rationaliser le processus.

- Utilisez un outil de prototypage sans code pour
  transformer vos wireframes en un prototype
  entièrement interactif.
- Affinez votre prototype en fonction des tests
  utilisateurs et des retours.
- Répétez votre conception, testez et affinez jusqu'à ce
  que vous ayez un produit que les utilisateurs adorent.

4.1.6 Choisissez les bons outils sans code

Il existe différents outils sans code disponibles pour créer
des MVP, et choisir les bons est crucial pour créer une UX

transparente. Tenez compte des facteurs suivants lors de la
sélection des outils :

- Capacités et limites des outils : assurez-vous que les
  outils choisis peuvent gérer les fonctionnalités et les
  intégrations requises.
- Rentabilité, évolutivité et itérations futures
  potentielles.
- Assistance communautaire et ressources en ligne
  pour le dépannage et l'apprentissage.

4.1.7 Créez votre MVP

Avec un prototype rigoureusement testé et les bons outils
sans code, vous êtes prêt à créer votre MVP.

- Utilisez les outils sans code choisis pour implémenter
  les fonctionnalités du produit, les éléments de
  conception et les flux d'utilisateurs.
- Testez et itérez en continu pendant le processus de
  développement.
- Préparez votre MVP pour le lancement (soumission
  aux magasins d'applications, déploiement de votre
  site Web, etc.).

4.1.8 Recueillir des commentaires et itérer

Votre travail ne s'arrête pas au lancement du MVP. Vous
devez continuer à recueillir les commentaires des
utilisateurs, à analyser les données et à améliorer votre
offre.

- Capturez les commentaires des utilisateurs via des
  enquêtes, des entretiens, des analyses, des tests
  d'utilisabilité, etc.

- Identifiez les domaines d'amélioration ou les nouvelles fonctionnalités qui amélioreront l'UX.
- Utilisez les informations obtenues pour mettre à jour et optimiser votre MVP, en itérant jusqu'à ce que vous ayez atteint l'adéquation produit-marché.

En suivant ces étapes, vous transformerez une idée en un MVP sans code convaincant qui offre une expérience utilisateur exceptionnelle, ravissant les utilisateurs tout en donnant vie à votre idée de startup.

4.1. Prototypage et conception de produits : une plongée approfondie

Le processus de conception fait partie intégrante du développement de tout produit, tangible ou numérique. C'est la phase où les concepts et les idées que vous avez en tête commencent à devenir réalité, vous permettant d'affiner et de valider l'expérience utilisateur avant d'investir du temps et des ressources dans la création du produit. Dans l'approche « No-Code MVP », le prototypage et la conception de produits sont particulièrement utiles pour créer des prototypes représentatifs, qui vous permettront d'itérer et de pivoter plus facilement si nécessaire. Dans cette sous-section, nous approfondirons le monde du prototypage et de la conception de produits et la manière dont ils s'appliquent à la création d'expériences utilisateur convaincantes.

4.1.1. Comprendre les objectifs du prototypage

L'objectif principal du prototypage est de créer une représentation visuelle de la solution que vous proposez à un problème spécifique. Cette première version abstraite de votre produit englobe les fonctionnalités et fonctions principales qu'il devrait idéalement fournir aux utilisateurs. Le processus de prototypage vous permet de générer et de tester rapidement différentes idées, et d'en tirer des enseignements pour améliorer la conception. Voici quelques objectifs spécifiques que le prototypage peut vous aider à atteindre :

1. **Visualisez votre concept** : Le développement d'un prototype offre l'opportunité de transformer des idées abstraites en une forme visible et tangible qui peut être facilement comprise par les autres.
2. **Identifiez les défauts et les limites** : le prototypage vous permet de découvrir et de corriger toutes les lacunes, y compris les problèmes d'utilisabilité, avant d'investir dans le processus de développement proprement dit.
3. **Recueillir des commentaires** : vous pouvez recueillir les commentaires des utilisateurs ou des parties prenantes avec votre prototype, ce qui peut vous aider à affiner davantage votre produit en fonction de leurs besoins et attentes.
4. **Testez différentes solutions** : Avec une approche rapide et itérative, le prototypage vous permet de tester différentes solutions ou fonctionnalités et d'évaluer ce qui fonctionne le mieux au sein de votre produit.

4.1.2. Types de prototypes

Les prototypes peuvent être classés en différentes catégories en fonction du niveau de fidélité, qui fait référence au niveau de détail et de finition du prototype. Généralement, les prototypes peuvent être classés dans les types suivants :

1. **Prototypes basse fidélité** : ces types de prototypes sont souvent simples et approximatifs, allant des croquis papier aux wireframes de base. Ils sont rapides et rentables à produire, vous permettant d'explorer et d'itérer rapidement des idées. Ils sont particulièrement utiles dans les premières étapes de la conception, lorsque vous êtes encore en train d'identifier et de valider les fonctionnalités principales.
2. **Prototypes moyenne fidélité** : Comme leur nom l'indique, les prototypes moyenne fidélité se situent entre les prototypes basse et haute fidélité en termes de détails et de finition. Ils ressemblent souvent plus à la présentation finale ou à l'apparence du produit, mais peuvent néanmoins manquer d'interactivité et de stratégie de marque. Ces prototypes peuvent être utiles lorsque vous devez présenter des visuels plus détaillés pour l'adhésion des parties prenantes ou les tests des utilisateurs.
3. **Prototypes haute fidélité** : ce type de prototype ressemble beaucoup au produit final, y compris les aspects de conception visuelle, d'interactivité et de réactivité, permettant des tests utilisateur plus efficaces. Cependant, la création de prototypes haute fidélité peut prendre du temps et être coûteuse, c'est pourquoi ils sont généralement réservés aux dernières étapes du processus de conception, lorsque le concept est plus raffiné et plus clair.

4.1.3. Outils de prototypage sans code

Il existe aujourd'hui divers outils sans code qui peuvent vous aider à concevoir des prototypes sans avoir besoin de connaissances en programmation. Voici quelques outils de prototypage sans code populaires que vous pouvez envisager :

1. **Figma** : Figma est un outil de conception collaborative basé sur le Web qui vous permet de créer, de prototyper et de recueillir des commentaires en un seul endroit. Il offre un large éventail de fonctionnalités, telles que des outils de mise en page automatique, de composants et de prototypage, qui peuvent vous aider à rationaliser votre processus de conception.
2. **Adobe XD** : Adobe XD est un outil de conception vectorielle qui offre de puissantes fonctionnalités de prototypage, vous permettant de créer sans effort des wireframes interactifs et des prototypes haute fidélité.
3. **Sketch** : Sketch est un autre outil de conception vectorielle populaire utilisé principalement pour créer des interfaces utilisateur. Bien qu'il ne s'agisse pas d'un outil Web comme Figma, Sketch propose divers plugins et intégrations qui peuvent contribuer à améliorer la productivité et la collaboration.
4. **InVision** : InVision fournit une suite d'outils de conception et de prototypage qui vous permettent de créer et de tester des prototypes fonctionnels sur divers appareils. Les intégrations avec des outils comme Sketch et Photoshop le rendent encore plus polyvalent et puissant.

4.1.4. Étapes pour créer un prototype efficace

1. **Définir le problème et la solution** : Avant de vous lancer dans la conception, il est crucial de définir clairement le problème que vous abordez et la solution proposée. Créez une liste des fonctionnalités principales que votre prototype doit englober pour résoudre le problème efficacement.
2. **Choisissez la bonne fidélité** : Sélectionnez le niveau de fidélité approprié pour votre prototype en fonction de l'étape de votre processus de conception et des

objectifs que vous souhaitez atteindre. Commencez par des prototypes basse fidélité pour explorer et affiner les idées avant de passer à des prototypes plus haute fidélité.

3. **Esquissez le flux utilisateur** : cartographiez le parcours utilisateur et les points de contact clés sur différents écrans, en détaillant les actions et les interactions que vos utilisateurs effectueront. Cela servira de modèle pour votre prototype.

4. **Concevez la mise en page et les interactions** : à l'aide de l'outil de prototypage sans code de votre choix, créez la mise en page, les visuels et les interactions qui définissent votre prototype. Visez la lisibilité, la convivialité et la cohérence tout au long de votre conception.

5. **Testez et itérez** : une fois que vous disposez d'un prototype fonctionnel, effectuez des tests utilisateurs pour recueillir des commentaires et identifier tout problème ou défaut d'utilisation. Répétez la conception en fonction des informations que vous avez recueillies lors des tests pour améliorer l'expérience utilisateur.

En conclusion, le prototypage et la conception de produits sont des aspects essentiels pour concevoir une expérience utilisateur convaincante. En comprenant les objectifs du prototypage, en sachant quand utiliser différents types de prototypes et en utilisant des outils de prototypage sans code, vous serez bien équipé pour créer des prototypes fonctionnels et visuellement attrayants qui peuvent rationaliser votre processus de conception et améliorer vos chances d'atteindre succès avec votre idée de startup.

4.1 Fondements du prototypage et de la conception de produits

Avant de plonger dans la phase de prototypage, nous devons comprendre les principes fondamentaux de la conception d'une expérience utilisateur convaincante. Le résultat de ce processus est un prototype interactif qui sert de représentation visuelle de votre idée. mais pourquoi est-ce important? Un prototype bien conçu :

1. Vous aide à mieux communiquer vos idées
2. Facilite la collaboration avec les membres de l'équipe et les autres parties prenantes
3. Permet les tests et la validation des utilisateurs avant d'investir beaucoup de temps et de ressources dans le développement

Un design de qualité répond non seulement aux attentes des utilisateurs, mais va également au-delà, en offrant des expériences que les utilisateurs adoreront. Pour y parvenir, vous devez suivre certains principes essentiels de conception de produits et d'expérience utilisateur.

4.1.1 Empathie et conception centrée sur l'utilisateur

Une excellente expérience utilisateur commence par comprendre votre public cible – ses besoins, ses motivations et ses points faibles. Cette approche vous amène à concevoir des solutions qui trouvent un écho auprès de vos utilisateurs et résolvent efficacement leurs problèmes.

- **Personas** : créez des profils d'utilisateurs fictifs qui représentent des personnes du monde réel qui utiliseront finalement votre produit. Les personas vous aident à comprendre les données démographiques, les modèles de comportement, les motivations et les objectifs.
- **User Stories** : rédigez des user stories pour décrire comment les utilisateurs interagiront avec votre

produit, en vous concentrant sur la valeur qu'ils en tireront. Cet exercice vous aide à concevoir les fonctionnalités essentielles qui répondent à leurs problèmes.

- **Flux d'utilisateurs** : concevez les parcours des utilisateurs du début à la fin, en cartographiant les chemins possibles qu'ils peuvent emprunter lors de l'utilisation de votre produit. Cette étape vous aide à identifier les points de friction, les goulots d'étranglement et les domaines à améliorer.

4.1.2 Clarté et simplicité

Votre prototype doit être intuitif et facile à utiliser. Une conception claire et simple élimine la confusion des utilisateurs et réduit la courbe d'apprentissage.

- **Simplicité** : n'incluez que les éléments essentiels dans votre conception. Cette approche permet aux utilisateurs de trouver facilement ce dont ils ont besoin.
- **Cohérence** : assurez-vous que les éléments de conception, tels que les couleurs, les polices et les boutons, sont cohérents dans l'ensemble de votre produit.
- **Feedback** : Fournissez aux utilisateurs un feedback en temps réel sur leurs actions. Cette interaction les aide à comprendre l'état actuel du système et évite les erreurs.

4.1.3 Processus et outils de conception

Le développement d'un prototype est un processus itératif. Cela commence généralement par une première ébauche, suivie de plusieurs cycles de conception et de commentaires avant d'atteindre la version finale. Il existe de nombreux outils disponibles pour créer des prototypes numériques, tels que Figma, Sketch et Adobe XD. Choisissez l'outil qui correspond le mieux à vos besoins et commencez à explorer ses fonctionnalités.

- **Esquisse** : commencez avec un stylo et du papier pour esquisser des wireframes basse fidélité, également appelés maquettes. Cette étape vous permet de visualiser vos idées et d'itérer rapidement sans vous enliser dans les subtilités de l'outil.
- **Wireframing** : créez des maquettes numériques plus raffinées, mettant l'accent sur la disposition et la structure de votre conception. Cette étape définit plus en détail les éléments de l'interface utilisateur (UI) et leurs relations.
- **Prototypage haute fidélité** : développez un prototype interactif haute fidélité à l'aide de votre outil de conception préféré. L'objectif est de créer une représentation réaliste de votre produit final, qui pourra être testée auprès de vrais utilisateurs.

4.2 Tests utilisateur et validation

Une fois que vous avez conçu votre prototype, il est temps de le présenter à de vrais utilisateurs afin de recueillir des informations précieuses sur son utilité, son opportunité et sa faisabilité.

4.2.1 Objectifs du test et recrutement des participants

Avant d'effectuer des tests utilisateurs, établissez des objectifs clairs pour vous aider à évaluer les performances du prototype. Considérer ce qui suit:

- Pertinence – Testez votre proposition de valeur et votre concept produit global.
- Convivialité – Évaluez la facilité d'utilisation et la facilité d'apprentissage de votre prototype.
- Désirabilité - Évaluez la réponse émotionnelle et la satisfaction des utilisateurs.

Une fois que vous connaissez vos objectifs de test, recrutez des participants qui ressemblent à vos utilisateurs cibles pour garantir des informations valides et exploitables.

4.2.2 Types de tests utilisateur

Il existe différentes méthodes de test utilisateur, allant des techniques informelles aux techniques formelles. Choisissez la méthode qui correspond le mieux à vos besoins et à vos ressources.

- **Tests guérilla** : méthode de test informelle, rapide et rentable qui consiste à amener votre prototype dans des lieux publics et à demander leur avis aux gens.
- **Tests d'utilisabilité à distance** : effectuez des tests en ligne à l'aide d'outils tels que UsabilityHub ou Lookback.io, vous permettant de tester avec des participants du monde entier.
- **Tests d'utilisabilité en personne** : invitez les participants à votre lieu de test pour une session de test modérée. Cette méthode permet un feedback qualitatif plus approfondi.

4.2.3 Analyse des résultats et itération

Après avoir collecté les commentaires des utilisateurs, l'étape suivante consiste à analyser les résultats et à identifier les domaines d'amélioration. Recherchez des modèles et des tendances, tels que des problèmes récurrents ou des aspects positifs, qui peuvent éclairer les opportunités d'amélioration. Utilisez ces informations pour itérer sur votre prototype et affiner votre conception.

N'oubliez pas que l'objectif est de créer une expérience utilisateur convaincante qui trouve un écho auprès de votre public cible. En suivant les principes de conception de produits, en faisant preuve d'empathie avec les utilisateurs et en effectuant des tests rigoureux, vous pouvez donner vie à votre MVP sans code et jeter les bases d'une startup réussie.

4.1 Créer le prototype parfait : conseils et outils pour les MVP sans code

Avant de discuter de divers conseils sur la conception de produits et le prototypage de votre nouveau MVP sans code, il est essentiel de comprendre d'abord ce qu'est un prototype. Un prototype est essentiellement une simulation interactive de votre produit final réalisée dans le seul but de le tester et de le valider. Il vous permet d'identifier les principaux points de friction de l'expérience utilisateur, les limitations techniques potentielles et les défauts de conception, qui peuvent être surmontés avant le lancement.

Concevoir une expérience utilisateur convaincante commence par la création d'un prototype bien conçu. L'objectif de cette sous-section est de vous fournir des conseils pratiques et de vous présenter les meilleurs outils pour vous aider dans votre cheminement vers la conception du MVP sans code parfait.

4.1.1 Définissez vos objectifs et votre public cible

La première étape dans la conception d'un prototype convaincant consiste à définir clairement l'intention et les objectifs de votre produit, ainsi que le public cible. Ce travail de base garantira que votre processus de conception est aligné sur votre stratégie produit globale.

Objectifs

- Décrivez les objectifs de votre produit : ceux-ci peuvent inclure l'augmentation de l'engagement des utilisateurs, l'augmentation des ventes ou l'amélioration de la notoriété de la marque.
- Définissez votre MVP (Minimum Viable Product) : déterminez quel ensemble minimal de fonctionnalités peut vous aider à atteindre les résultats souhaités, tout en consommant le moins de ressources possible.

Public cible

- Qui sont vos clients/utilisateurs idéaux ? Soyez précis et créez des personnalités d'utilisateur qui répertorient les données démographiques, les comportements et les préférences.
- Identifiez leurs points faibles et leurs besoins, afin que vous puissiez adapter votre solution pour résoudre ces problèmes.

4.1.2 Esquissez votre flux utilisateur et vos interfaces utilisateur

Votre prototype doit incarner le parcours d'un visiteur à travers votre produit et décrire les étapes qu'il suivra pour atteindre le résultat souhaité. Voici comment procéder pour dessiner ces flux et interfaces :

- Créez une description de haut niveau de chaque parcours utilisateur, en détaillant les étapes que les utilisateurs suivront, les boutons sur lesquels ils cliqueront et les informations dont ils auront besoin pour atteindre leurs objectifs.
- Pour chaque étape correspondante, créez une esquisse de l'interface utilisateur qui inclut les éléments nécessaires à cette interaction. Concentrez-vous sur la simplicité et la clarté de vos croquis.

4.1.3 Choisissez vos outils de conception et de prototypage de produits sans code

Avec vos croquis en main, vous aurez besoin d'une suite d'outils pour démarrer le processus de conception proprement dit. Il existe de nombreux outils sans code disponibles sur le marché qui répondent à diverses capacités de conception et budgets. Voici quelques outils de conception sans code populaires pour vous aider à créer un prototype d'aspect professionnel :

- **Figma :** Un outil de conception basé sur le cloud, facile à apprendre et livré avec un plan gratuit robuste. Figma permet une collaboration en temps réel et prend en charge l'ensemble du processus de prototypage, y compris la conception, le wireframing et le prototypage.
- **Sketch :** un outil de conception spécifique à MacOS doté d'une interface puissante et de plugins qui en font un choix populaire parmi les concepteurs. Bien qu'il ne s'agisse pas d'un outil sans code, il est essentiel de noter que de nombreux autres outils sans code s'intègrent à Sketch.
- **Adobe XD :** un outil riche en fonctionnalités avec une interface utilisateur similaire à celle des autres produits Adobe. XD propose des outils de conception,

de prototypage et de collaboration, ainsi que la gestion des systèmes de conception, le tout au sein d'une seule application.

4.1.4 Tester et itérer

Tester votre prototype est une étape inestimable pour identifier les problèmes et faiblesses potentiels de la conception. De plus, cela vous aidera à affiner votre solution et éventuellement à créer un meilleur produit final. Pour tester et itérer efficacement, considérez les éléments suivants :

- **Tests utilisateur :** effectuez des tests d'utilisabilité avec votre public cible, idéalement en utilisant vos personnalités d'utilisateur. Demandez-leur de parcourir les différents parcours utilisateur dans votre prototype et de recueillir des commentaires.
- **Commentaires :** encouragez les utilisateurs à fournir des commentaires honnêtes sur leur expérience globale, ainsi que sur les aspects qu'ils ont appréciés, n'ont pas compris ou n'ont pas aimé. Ces informations fourniront des informations exploitables sur ce qu'il faut améliorer.
- **Itération :** utilisez les commentaires recueillis pour mettre à jour votre prototype, en mettant en œuvre des modifications et des améliorations. Cela peut impliquer de peaufiner l'interface utilisateur ou même de revoir l'ensemble de votre stratégie de conception.

4.1.5 Visez toujours l'amélioration

Reconnaissez que l'expérience utilisateur est une cible mouvante et qu'il y aura toujours place à l'amélioration. Adoptez une culture d'apprentissage continu, d'expérimentation et d'itération pour garantir que votre produit ne cesse de s'améliorer. Gardez un œil sur les tendances émergentes en matière de conception, l'innovation technologique et les changements de comportement des utilisateurs pour garder une longueur d'avance dans le jeu.

En suivant ces étapes pratiques et à l'aide d'outils sans code, vous pouvez rapidement créer et valider un prototype bien conçu pour votre idée de startup. Une expérience utilisateur convaincante sera sans aucun doute la pierre angulaire du succès de votre produit, alors investissez du temps et des efforts pour rendre votre prototype attrayant, visuellement attrayant et facile à utiliser.

5. Créer votre MVP sans code : guide étape par étape

5.2. Préparation et planification de votre MVP No-Code

Avant de commencer à créer votre MVP sans code, il est essentiel de préparer et de planifier minutieusement votre projet pour vous assurer que votre MVP valide efficacement votre idée de startup. Une bonne planification vous aide également à maximiser les avantages de l'utilisation d'outils sans code et à minimiser les obstacles potentiels pendant le développement. Ici, nous allons diviser le processus de planification en étapes plus petites et examiner chacune d'elles.

5.2.1. Définissez votre énoncé de problème

Tout commence par identifier le problème que vous souhaitez résoudre. Votre énoncé de problème doit être concis, clair et axé sur le problème que vous abordez. Tenez compte des questions suivantes lors de la rédaction de votre énoncé du problème :

- Quel est le problème que vous essayez de résoudre ?
- Qui est confronté à ce problème ?
- Pourquoi ce problème mérite-t-il d'être résolu ?

Un énoncé de problème efficace devrait ressembler à ceci : « Les concepteurs indépendants ont des difficultés à gérer leurs projets et à communiquer avec les clients, ce qui entraîne une perte de temps et de revenus. »

5.2.2. Établissez votre marché cible

Une fois que vous avez identifié le problème que vous souhaitez résoudre, l'étape suivante consiste à identifier le marché cible qui bénéficierait le plus de votre solution. Réalisez des études de marché pour identifier votre groupe démographique cible, comprendre ses besoins et ses préférences et évaluer la rentabilité de votre niche. Un marché cible bien défini vous permet de créer une expérience utilisateur personnalisée et augmente la probabilité que votre MVP sans code trouve un écho auprès des utilisateurs.

5.2.3. Décrivez votre proposition de valeur

Votre proposition de valeur vous distingue de vos concurrents et met en évidence les avantages uniques que votre solution offre à votre marché cible. Il doit résumer les facteurs clés qui rendent votre produit idéal pour résoudre le problème que vous avez identifié. Rédigez une proposition de valeur convaincante pour exprimer succinctement la valeur de votre produit et les raisons pour lesquelles les utilisateurs devraient choisir votre solution plutôt que d'autres.

5.2.4. Esquissez vos flux d'utilisateurs

Les flux d'utilisateurs sont une représentation visuelle des étapes suivies par les utilisateurs pour accomplir une action spécifique sur votre application ou votre site Web. Commencez par identifier les actions les plus importantes que vous souhaitez que les utilisateurs effectuent dans votre MVP sans code, comme s'inscrire, se connecter, effectuer un achat ou fournir des commentaires. Ensuite, dessinez les chemins empruntés par les utilisateurs pour effectuer ces actions. La cartographie des flux d'utilisateurs vous aide à créer une expérience utilisateur transparente et à garantir que votre MVP sans code répond aux besoins de vos utilisateurs.

5.2.5. Répertoriez les caractéristiques et les fonctionnalités

Il est maintenant temps de définir les fonctionnalités que vous inclurez dans votre MVP sans code. La clé ici est de prioriser l'ensemble minimum de fonctionnalités nécessaires pour tester votre hypothèse et valider votre idée. Choisissez les fonctionnalités qui correspondent à l'énoncé de votre problème et offrent le plus de valeur à vos utilisateurs. N'oubliez pas que votre objectif est de créer un prototype simple et testable, alors évitez la sur-ingénierie et tenez-vous-en à l'essentiel.

5.2.6. Choisissez vos outils et plateformes sans code

Avec une compréhension claire de ce que vous souhaitez créer, il est temps de choisir les outils sans code qui répondent le mieux aux exigences de votre projet. Vous devrez évaluer diverses plates-formes sans code en termes de facilité d'utilisation, de capacités d'intégration, d'évolutivité, de coût et d'options de support. Utilisez votre liste de caractéristiques et de fonctionnalités, ainsi que vos flux d'utilisateurs, pour guider votre processus de sélection. Il est crucial de choisir les bons outils dès le début, car le changement en cours de développement peut prendre du temps et être coûteux.

5.2.7. Élaborer un plan de tests et de commentaires

Pour garantir le succès de votre MVP sans code, il est crucial de recueillir les commentaires des utilisateurs et d'itérer sur votre produit en fonction de ces informations. Établir un cadre de test et de feedback solide qui comprend :

- Identifier les indicateurs de performance clés (KPI) que vous utiliserez pour évaluer votre MVP.
- Décider quand et comment recueillir les commentaires des utilisateurs (par exemple, enquêtes, entretiens, analyses ou tests utilisateurs).
- Intégrer une boucle de rétroaction dans votre processus de développement pour éclairer les futures itérations et améliorations.

5.2.8. Créer un calendrier et un plan de ressources

Enfin, établissez un calendrier de projet comprenant des jalons et des dates d'achèvement cibles pour les différentes tâches et fonctionnalités. Allouez des ressources, telles que les membres de votre équipe, à des tâches spécifiques en fonction de leurs compétences et de leur expertise. Tenez compte des retards potentiels, tels que les limitations des outils ou les problèmes de développement inattendus.

En complétant ces étapes, vous disposerez d'un plan complet pour guider votre création de MVP sans code. Avec votre plan en main, vous pouvez procéder à la construction, aux tests et à l'itération de votre produit pour valider rapidement votre idée de startup et la propulser vers le succès.

5.2 Définir les fonctionnalités principales de votre MVP

Pour créer un MVP (Minimum Viable Product) sans code réussi, vous devez définir les fonctionnalités de base de votre produit qui seront construits, testés et livrés dans les plus brefs délais. Ces fonctionnalités de base devraient suffire à résoudre le problème principal ou à satisfaire le besoin principal de vos clients cibles, vous permettant de valider votre idée de startup rapidement et de manière itérative. Dans cette section, nous passerons en revue un guide étape par étape pour définir les fonctionnalités principales de votre MVP.

5.2.1 Établissez votre proposition de valeur

Commencez par identifier la principale proposition de valeur de votre produit ou service. Quel est le principal problème ou besoin auquel votre produit répond ? Quelle valeur vos clients obtiendront-ils en utilisant votre produit ? Soyez aussi précis que possible lors de la description de la proposition de valeur, car cela vous aidera à vous concentrer sur les fonctionnalités essentielles pour offrir cette valeur.

Par exemple, considérons une application fictive sans code :
"BudgetBuddy". La proposition de valeur de BudgetBuddy
est d'aider les utilisateurs à gérer et suivre activement leurs
finances personnelles au sein d'une plateforme unique, leur
permettant de prendre des décisions éclairées sur leurs
habitudes de dépenses afin d'économiser davantage.

5.2.2 Déterminez vos utilisateurs principaux et leurs besoins

Identifiez pour qui vous créez le MVP et quels sont leurs
besoins. Vos utilisateurs principaux peuvent constituer un
sous-ensemble de votre public cible, et leurs besoins vous
aideront à prioriser les fonctionnalités à inclure dans votre
MVP. Commencez par créer 2 à 3 profils d'utilisateurs
détaillés qui représentent vos utilisateurs principaux et
répertoriez leurs besoins spécifiques liés à votre proposition
de valeur.

Pour BudgetBuddy, les utilisateurs principaux peuvent être :

1. Jeunes professionnels en activité qui dépensent
    généralement trop pour des articles non essentiels et
    souhaitent économiser davantage en suivant leurs
    dépenses.
2. Les pigistes qui doivent surveiller leurs revenus et
    leurs dépenses pour s'assurer qu'ils gagnent plus que
    ce qu'ils dépensent chaque mois.

5.2.3 Répertoriez les idées de fonctionnalités de votre produit

Réfléchissez et dressez une liste complète de toutes les
fonctionnalités possibles qui pourraient faire partie de votre
produit. Cette liste doit inclure tout ce qui pourrait être

potentiellement utile ou remarquable pour vos utilisateurs. Ne vous souciez pas de prioriser ou de filtrer vos idées à ce stade : l'objectif est de disposer d'une liste exhaustive parmi laquelle choisir lors de la définition des fonctionnalités principales de votre MVP.

Pour notre exemple, la liste d'idées de fonctionnalités de BudgetBuddy pourrait inclure :

1. Suivi automatique des dépenses en connectant le compte bancaire de l'utilisateur
2. Catégoriser les transactions en différentes catégories de dépenses
3. Budgets personnalisables pour différentes catégories de dépenses
4. Graphiques visuels pour analyser les habitudes de dépenses
5. Rappels et notifications de factures
6. Fixation et suivi des objectifs financiers
7. Enjeux de l'épargne et gamification
8. Partage des dépenses avec des amis ou des membres de la famille

5.2.4 Hiérarchisez les fonctionnalités en fonction de votre proposition de valeur et des besoins des utilisateurs

Maintenant que vous disposez d'une liste de fonctionnalités possibles, il est temps de les hiérarchiser en fonction de leur adéquation avec votre proposition de valeur et les besoins de vos principaux utilisateurs. Pour chaque fonctionnalité, évaluez :

1. L'importance de la fonctionnalité dans la fourniture de la proposition de valeur fondamentale

2. Le niveau de complexité et le temps requis pour créer la fonctionnalité
3. L'opportunité de la fonctionnalité par vos utilisateurs principaux

Pour chaque fonctionnalité, attribuez un score basé sur ces critères et utilisez ce score pour déterminer quelles fonctionnalités doivent être prises en compte pour votre MVP. Gardez à l'esprit qu'un MVP doit se concentrer sur la fourniture de la valeur principale aux utilisateurs aussi rapidement et efficacement que possible. Il est donc crucial de donner la priorité aux fonctionnalités qui contribuent directement à cette valeur.

En continuant avec l'exemple de BudgetBuddy, les fonctionnalités suivantes pourraient figurer dans la version MVP :

1. Suivi automatique des dépenses en connectant le compte bancaire de l'utilisateur
2. Catégoriser les transactions en différentes catégories de dépenses
3. Budgets personnalisables pour différentes catégories de dépenses
4. Graphiques visuels de base pour analyser les habitudes de dépenses

Ces fonctionnalités répondent directement aux besoins des utilisateurs et offrent la proposition de valeur fondamentale tout en réduisant la complexité et le temps de développement.

5.2.5 Concevoir le flux d'utilisateurs et les wireframes de votre MVP

Une fois que vous avez décidé des fonctionnalités de base de votre MVP sans code, vous devrez concevoir le flux utilisateur et les wireframes pour visualiser comment les utilisateurs interagiront avec votre produit. Commencez par définir les principaux parcours utilisateur, puis créez des wireframes pour chaque étape du parcours.

À l'aide d'outils de conception simples comme Balsamiq ou Figma, créez une représentation visuelle de l'interface utilisateur de votre MVP, y compris la mise en page, les éléments de navigation et la conception des interactions. Cela contribuera à garantir que votre MVP est facile à utiliser et intuitif pour les utilisateurs, ce qui est essentiel à son succès.

5.2.6 Finalisez la portée de votre MVP et commencez la construction

Avec les fonctionnalités de base, les flux d'utilisateurs et les wireframes en place, vous avez désormais une compréhension claire de ce à quoi ressemblera votre MVP sans code une fois terminé. Il s'agit du modèle que vous utiliserez pour créer votre MVP à l'aide d'outils sans code tels que Webflow, Bubble, Adalo ou autres, en fonction de vos besoins et exigences spécifiques.

N'oubliez pas que l'objectif principal de votre MVP no-code est de valider votre idée de startup le plus rapidement possible. Ainsi, lors de la création du MVP, concentrez-vous sur les caractéristiques et fonctionnalités de base plutôt que de perfectionner la conception ou de peaufiner chaque aspect. Vous aurez tout le temps nécessaire pour itérer et améliorer le MVP une fois que vous aurez recueilli de précieux commentaires et informations auprès d'utilisateurs réels.

En résumé, définir les fonctionnalités principales de votre MVP est une étape cruciale pour créer un MVP sans code réussi. En vous concentrant sur la fourniture de la valeur principale à vos utilisateurs aussi rapidement et efficacement que possible, vous ferez un pas de plus vers la validation de votre idée de startup et la réalisation de vos objectifs entrepreneuriaux.

5.1 Comprendre votre proposition de valeur

Avant de vous lancer dans la création proprement dite de votre No-Code MVP, il est essentiel de comprendre et d'identifier la proposition de valeur de votre produit. La proposition de valeur est un aspect important qui définit l'objectif de votre produit et la valeur qu'il apportera à votre public cible. Il établit les principaux défis que votre produit résout et le différencie des concurrents existants.

Pour définir votre proposition de valeur, il est utile de suivre ces étapes :

5.1.1 Identifiez et comprenez vos clients cibles

Commencez par identifier qui utilisera votre produit. Répondre aux questions suivantes peut vous aider à définir votre public cible :

1. Quelle est leur tranche d'âge ?
2. Qu'est-ce qui définit leur comportement ?
3. De quoi ont-ils besoin?
4. Comment interagissent-ils avec la technologie ?
5. Quels sont leurs défis et leurs points faibles ?

Créez des profils d'utilisateurs détaillés qui représentent votre public cible pour mieux comprendre ses besoins et ses préférences.

5.1.2 Déterminer les besoins et les problèmes des clients

Une fois que vous avez une compréhension claire de votre public cible, l'étape suivante consiste à identifier les défis ou les problèmes spécifiques auxquels il est confronté. Vous pouvez le faire en menant des enquêtes, des entretiens ou en vous engageant dans des études d'observation. Faites une liste des problèmes clients les plus courants, car ils deviendront le fondement de la proposition de valeur de votre produit.

5.1.3 Identifier les solutions existantes et les concurrents

Évaluez les solutions disponibles sur le marché qui répondent aux besoins de vos clients cibles. Il vous donnera un aperçu de la concurrence et vous pourrez apprendre de ses forces et de ses faiblesses. Faites une liste de vos concurrents et de leurs propositions de valeur pour avoir une image plus claire du paysage concurrentiel.

5.1.4 Élaborer une proposition de valeur unique et convaincante

Sur la base de votre compréhension des besoins des clients et du paysage concurrentiel, l'étape suivante consiste à développer une proposition de valeur unique et convaincante pour votre produit. Vous devriez être capable de l'articuler en une seule phrase, en abordant le problème principal que vous souhaitez résoudre et en quoi votre produit est différent de celui de la concurrence.

N'oubliez pas que votre proposition de valeur se concentre sur le problème le plus crucial que vous comptez résoudre tout en différenciant votre produit des autres.

5.2 Choisir les bons outils sans code

Avec une compréhension claire de votre proposition de valeur, vous pouvez désormais vous concentrer sur l'identification des bons outils sans code pour créer votre MVP. Les outils sans code se présentent sous différentes formes et tailles, chacune ayant ses avantages et ses limites.

Tenez compte des facteurs suivants lors de la sélection des bons outils sans code :

1. Fonctionnalité : assurez-vous que les outils que vous sélectionnez peuvent répondre à vos besoins spécifiques, y compris les fonctionnalités et intégrations nécessaires.
2. Facilité d'utilisation : Choisissez des outils faciles à prendre en main et à naviguer, qui vous permettront de créer votre MVP plus rapidement.
3. Évolutivité : certains outils sans code vous donnent plus de marge pour développer et développer votre produit ; choisissez judicieusement pour éviter les obstacles à l'avenir.
4. Coût : assurez-vous que les outils correspondent à votre budget et tiennent compte des limites d'utilisation ou des coûts cachés.

Il existe une large gamme d'outils sans code disponibles sur le marché, tels que :

- Webflow : un concepteur visuel pour créer des sites Web et des applications Web réactifs

- Bubble : Une plateforme de création d'applications Web avec une logique puissante
- Adalo : un générateur d'applications mobiles pour créer des applications natives Android et iOS
- Zapier : un outil d'automatisation pour connecter plusieurs services et créer des workflows
- Airtable : une plate-forme hybride tableur-base de données pour la gestion des données

5.3 Construire votre MVP

Une fois que vous avez sélectionné votre proposition de valeur et vos outils sans code, il est temps de commencer à créer votre MVP. Voici un guide étape par étape pour créer votre MVP No-Code :

5.3.1 Définissez vos fonctionnalités MVP

Commencez par décrire les fonctionnalités que votre MVP doit contenir pour répondre au principal besoin de vos utilisateurs. Concentrez-vous sur le maintien d'un ensemble de fonctionnalités minimal pour valider votre proposition de valeur le plus rapidement possible. Évitez de surcharger le MVP avec des éléments inutiles.

5.3.2 Esquissez votre interface utilisateur (UI)

Planifiez visuellement l'interface utilisateur de votre MVP, en créant des croquis ou des wireframes qui représentent chaque écran ou vue. Utilisez ces croquis pour établir la disposition et le flux de votre MVP. Gardez la conception simple et facile à naviguer pour vos utilisateurs.

5.3.3 Créez votre interface utilisateur à l'aide d'outils sans code

Tirez parti des outils sans code sélectionnés pour recréer vos wireframes et implémenter une interface utilisateur pour votre MVP basée sur vos croquis. Assurez-vous que le design est réactif et visuellement attrayant, en gardant à l'esprit le public cible.

5.3.4 Implémenter vos fonctionnalités MVP

Utilisez les outils sans code choisis pour implémenter vos fonctionnalités principales. Configurez toutes les intégrations et flux de travail nécessaires pour garantir le fonctionnement transparent du MVP. Testez chaque fonction pour vous assurer qu'elle répond avec précision aux problèmes de l'utilisateur.

5.4 Tester et valider votre MVP

Après avoir terminé votre MVP, il est temps de le tester et de le valider auprès de vrais utilisateurs. Commencez par recueillir les commentaires des utilisateurs, en identifiant les lacunes ou les problèmes et en itérant sur le MVP avant de le lancer publiquement. Tirez parti des outils d'analyse pour surveiller l'engagement des utilisateurs et mesurer le succès de votre MVP.

Suivre ces étapes vous permettra de créer et de valider rapidement vos idées de startup en tirant parti de la puissance des outils sans code. Adoptez le concept d'adoption, d'apprentissage et d'itération pour créer des produits performants qui répondent aux besoins de votre public cible.

5. Créer votre MVP sans code : guide étape par étape

5.1 Identifier votre proposition de valeur

Avant de vous lancer dans le processus de création de votre MVP sans code, il est essentiel de clarifier la proposition de valeur de votre idée de startup. Une proposition de valeur est la combinaison unique de fonctionnalités, d'avantages et de prix qui rend votre produit ou service attrayant pour les clients potentiels. Prenez le temps de comprendre votre public cible, ses besoins et comment votre produit ou service répond mieux à ces besoins que vos concurrents. Assurez-vous que votre proposition de valeur est simple, claire et facile à communiquer.

Pour vous aider à identifier votre proposition de valeur, pensez à répondre aux questions suivantes :

1. Qui est votre public cible?
2. Quel problème résolvez-vous pour eux ?
3. Comment votre solution répond-elle mieux à leurs besoins que les alternatives ?

5.2 Sélection des bons outils sans code

La beauté de la création d'un MVP sans code réside dans le fait qu'il existe de nombreuses plates-formes et outils disponibles pour vous aider à créer votre produit, allant des simples créateurs de sites Web par glisser-déposer à des outils plus avancés adaptés à des plates-formes spécifiques, telles que le commerce électronique ou développement d'applications mobiles. Lors de la sélection des meilleurs outils sans code pour votre MVP, tenez compte de l'objectif principal de votre startup, de la facilité d'utilisation, du niveau de personnalisation et du coût de la solution.

Certains outils sans code populaires incluent :

1. Webflow : pour créer des sites Web réactifs sans écrire de code
2. Bubble : une plateforme puissante pour créer des applications Web avec ses capacités de création visuelle et de base de données
3. Glide : transformez Google Sheets en applications mobiles sans écrire de code
4. Zapier : automatisez les flux de travail et intégrez diverses applications sans codage
5. Airtable : créez des bases de données personnalisables et des systèmes de gestion de projet

5.3 Concevoir votre MVP

Maintenant que vous disposez d'une proposition de valeur claire et des bons outils sans code, il est temps de concevoir votre MVP. Un bon design ne se limite pas à l'esthétique ; il s'agit de fournir une expérience utilisateur qui permet aux utilisateurs d'atteindre facilement et agréablement leurs objectifs en utilisant votre produit. Concentrez-vous sur le flux d'utilisateurs principal et assurez-vous que la conception de votre MVP s'articule autour de la résolution du problème principal que vous avez identifié.

Pendant la phase de conception, considérez les étapes suivantes :

1. **Esquissez vos idées** : commencez avec un stylo et du papier, ou utilisez des outils numériques comme

Miro ou Figma pour créer des wireframes et des maquettes des écrans clés de votre MVP.

2. **Testez vos conceptions** : partagez vos maquettes avec des utilisateurs potentiels ou des pairs pour recueillir des commentaires sur l'expérience utilisateur et apporter les améliorations nécessaires.

3. **Créez un système de conception** : établissez des schémas de couleurs, des polices de caractères et des composants réutilisables pour maintenir la cohérence tout au long de votre MVP, facilitant ainsi la navigation des utilisateurs finaux.

4. **Itérer et affiner** : affinez continuellement votre conception en fonction des commentaires et des tests continus pour garantir une expérience utilisateur simple et engageante.

5.4 Construire le MVP

Une fois votre proposition de valeur définie, les outils sans code sélectionnés et un plan de conception solide en place, il est temps de créer votre MVP sans code. Suivez ces étapes pour créer une version fonctionnelle de votre produit :

1. *Configurer la structure* – Utilisez votre outil sans code pour définir la structure de votre MVP. Cela peut inclure la création de pages, de formulaires et d'autres éléments d'interface utilisateur pour les aligner sur vos wireframes et maquettes.

2. *Ajoutez des fonctionnalités* : implémentez des fonctionnalités qui fournissent la proposition de valeur fondamentale de votre MVP. En fonction de la plate-forme sans code que vous avez choisie, cela peut impliquer de connecter des actions à des boutons, de configurer des flux de travail ou de l'intégrer à d'autres outils et services.

3. *Personnalisez le design* : appliquez votre système de conception à votre MVP, y compris les couleurs, la typographie et les styles de composants, pour l'aligner sur votre plan de conception visuelle.
4. *Configurer les intégrations* : dans de nombreux cas, votre MVP peut nécessiter une connexion à d'autres outils, tels que des fournisseurs de messagerie ou des passerelles de paiement. Utilisez des plateformes comme Zapier ou Integromat pour établir ces connexions et rationaliser les interactions de vos utilisateurs avec votre produit.

5.5 Tests et itérations

Une fois votre MVP no-code construit, il est crucial de ne pas s'arrêter là. L'un des principaux avantages du développement sans code est la possibilité de tester rapidement votre produit et de l'itérer en fonction des commentaires des utilisateurs. Tester votre MVP garantit non seulement qu'il fonctionne correctement, mais résout également le problème qu'il entend résoudre.

1. *Recueillez des commentaires* – Partagez votre MVP avec des clients potentiels, des pairs ou des mentors pour recueillir des commentaires sur sa convivialité, ses fonctionnalités et sa valeur globale.
2. *Mesurez les performances* : utilisez des outils d'analyse pour suivre les actions des utilisateurs, surveiller l'engagement et déterminer si votre MVP atteint ses objectifs.
3. *Identifiez les domaines à améliorer* : sur la base des commentaires et des mesures, identifiez les domaines spécifiques de votre MVP qui nécessitent des améliorations, tels que la conception, le contenu ou le flux d'utilisateurs.

4. *Effectuez des ajustements* : utilisez vos outils sans code pour apporter des modifications à votre MVP en fonction de vos résultats, en vous assurant d'affiner continuellement votre produit en fonction des besoins et des commentaires des utilisateurs.
5. *Répétez le processus* : le processus de test et d'itération est en cours, à mesure que votre produit continue d'évoluer en fonction des entrées des utilisateurs et d'autres facteurs externes.

En suivant ce guide étape par étape pour créer votre MVP sans code, vous serez bien équipé pour valider rapidement et efficacement votre idée de startup sans avoir besoin d'une vaste expérience en programmation ou d'une grande équipe de développement. Continuez à itérer et à affiner votre produit, en restant concentré sur votre proposition de valeur et en conservant la flexibilité de vous adapter en fonction des précieux commentaires des utilisateurs.

5.1 Définir le problème et formuler des hypothèses

Avant de vous lancer dans la création de votre MVP sans code, il est essentiel de commencer par définir le problème que vous essayez de résoudre et de formuler les hypothèses sur les raisons pour lesquelles votre solution ajoutera de la valeur au marché. Cette étape initiale vous aidera à vous concentrer sur les caractéristiques et fonctionnalités appropriées lors de la conception et de la création de votre MVP.

5.1.1 Définir le problème

Commencez par énoncer le problème que votre idée de startup vise à résoudre dans un langage clair et concis. Réfléchissez aux problèmes rencontrés par vos clients cibles et assurez-vous que votre énoncé du problème les résout. Un énoncé de problème bien défini vous aidera à rester concentré sur la création des fonctionnalités les plus importantes pour votre MVP sans code.

5.1.2 Identifier les clients cibles

Ensuite, identifiez qui sont vos clients cibles. Pensez à créer des personas pour représenter les types de personnes qui bénéficieront de votre solution. Décrivez leurs données démographiques, leurs besoins, leurs comportements et leurs préférences. Comprendre vos clients cibles approfondit votre compréhension du problème et vous aide à développer une solution qui répond à leurs besoins.

5.1.3 Formuler des hypothèses

Avec un énoncé clair du problème et une compréhension de votre client cible, il est temps de commencer à définir les hypothèses que vous devez tester. Formulez un ensemble d'hypothèses sur la manière dont votre produit résoudra le problème identifié, améliorera l'expérience utilisateur et ajoutera de la valeur au marché.

Votre hypothèse principale doit relier directement votre solution au problème. Des hypothèses supplémentaires peuvent couvrir des fonctionnalités qui, selon vous, seront cruciales pour la satisfaction, l'engagement et la fidélisation des clients.

Par exemple, si votre énoncé du problème est « Les indépendants ont du mal à gérer efficacement leurs finances », votre hypothèse principale pourrait être « Une application mobile qui simplifie la gestion financière pour les indépendants les aidera à gagner du temps et à prendre des décisions financières plus judicieuses ».

5.2 Concevoir et créer votre MVP sans code

Une fois que vous avez défini le problème et formé des hypothèses, il est temps de passer à la conception et à la construction de votre MVP sans code. Concentrez-vous sur le test des hypothèses les plus critiques et sur la création uniquement des fonctionnalités essentielles à l'aide d'outils sans code.

5.2.1 Choisir une plateforme sans code

Choisissez une plateforme sans code qui correspond le mieux à vos besoins et à vos compétences. Il existe diverses plates-formes sans code disponibles, notamment des créateurs d'applications Web (par exemple, Bubble, Webflow), des créateurs d'applications mobiles (par exemple, Adalo, Glide) et des outils fonctionnels (par exemple, Zapier, Airtable). Tenez compte des facteurs suivants lors du choix d'une plateforme sans code :

- Possède-t-il les fonctionnalités dont vous avez besoin pour votre MVP ?
- Est-il facile à utiliser et à apprendre ?
- Peut-il évoluer et prendre en charge des fonctionnalités plus avancées dans les itérations futures ?
- Est-ce que cela correspond à votre budget ?

5.2.2 Caractéristiques essentielles du prototype et du test

Commencez par créer les fonctionnalités indispensables pour tester votre hypothèse principale. Cela peut inclure l'enregistrement des utilisateurs, des éléments d'interface utilisateur de base pour la navigation et des fonctionnalités de base pour la résolution de problèmes.

Créez votre MVP sans code en suivant les directives et tutoriels de la plateforme. Gardez vos clients cibles à l'esprit lors de la conception de l'interface et rendez l'expérience utilisateur aussi fluide que possible. Pensez à utiliser des modèles prédéfinis fournis par la plateforme sans code ou des outils de conception comme Figma pour gagner du temps.

N'oubliez pas que votre objectif est de tester la viabilité de votre idée de startup, évitez donc d'ajouter des fonctionnalités inutiles ou de rendre le MVP trop raffiné.

5.2.3 Tester, évaluer et comparer les alternatives

Après avoir créé les fonctionnalités essentielles, testez d'abord votre MVP en interne pour vous assurer qu'il fonctionne comme prévu. Recueillez les commentaires de collègues ou d'amis qui correspondent à votre profil client cible. Corrigez tous les bugs et améliorez l'UX en fonction de ces commentaires.

Ensuite, identifiez les solutions alternatives sur le marché que vos clients cibles utilisent peut-être déjà. Évaluez votre MVP sans code par rapport à ces alternatives pour comprendre où votre solution excelle et où elle échoue. Cette comparaison vous aidera également à mieux comprendre votre proposition de valeur unique et votre concurrence.

5.3 Recueillir des commentaires et itérer

Maintenant que votre MVP sans code est prêt et testé, recueillez les commentaires d'utilisateurs réels pour valider vos hypothèses et apporter des améliorations au produit basées sur les données.

5.3.1 Lancer MVP et surveiller les métriques

Déployez votre MVP sans code sur un domaine ou une boutique d'applications et faites-en la promotion auprès de vos clients cibles. Collectez des mesures pertinentes, telles que les inscriptions des utilisateurs, l'utilisation des fonctionnalités et les taux de rétention, pour mesurer le succès et évaluer vos hypothèses.

5.3.2 Recueillir les commentaires des utilisateurs

Recueillez les commentaires directement de vos utilisateurs pour comprendre ce qu'ils aiment et n'aiment pas à propos de votre MVP. Contactez-nous via des enquêtes ou des entretiens pour obtenir des informations supplémentaires sur la manière dont votre produit résout (ou ne parvient pas à résoudre) le problème de vos clients cibles.

5.3.3 Itérer et optimiser

Analysez les mesures et les commentaires recueillis pour déterminer si vos hypothèses sont validées ou réfutées. Utilisez ces informations pour itérer sur votre produit, en apportant des améliorations et en ajoutant ou supprimant des fonctionnalités si nécessaire.

N'oubliez pas que la création d'une startup réussie est un processus itératif, alors continuez à affiner votre MVP sans code en collectant les commentaires des utilisateurs, en testant de nouvelles fonctionnalités et en ajustant vos hypothèses jusqu'à ce que vous atteigniez l'adéquation produit-marché.

6. Test et validation de votre MVP : commentaires et analyses des utilisateurs

6.1 Obtention et évaluation des commentaires des utilisateurs

L'aspect le plus critique de votre produit minimum viable (MVP) consiste à déterminer sa pertinence et sa proposition de valeur pour votre public cible. Cela nécessite un processus continu de tests, d'évaluation et d'itérations basé sur les commentaires et les analyses des utilisateurs.

Les commentaires des utilisateurs sont inestimables pour vous aider à comprendre comment votre produit fonctionne pour de vrais utilisateurs. Cela vous aide non seulement à identifier les problèmes et les goulots d'étranglement dans le MVP, mais vous aide également à identifier les domaines qui nécessitent des améliorations ou les fonctionnalités que les utilisateurs aimeraient voir. Les commentaires peuvent provenir de diverses sources, notamment d'entretiens individuels, de groupes de discussion, d'enquêtes en ligne et de systèmes d'évaluation intégrés à l'application. Quelle que soit la méthode que vous choisissez, il est crucial d'aborder ce processus de manière systématique et réfléchie.

6.1.1 Identifier votre public cible

Avant de recueillir des commentaires, vous devez déterminer qui est votre public. Avoir une compréhension claire de qui utilisera votre produit et des problèmes qu'il résoudra vous aidera à créer un MVP qui correspond aux besoins des utilisateurs.

- **Segmentation du marché** : divisez votre marché cible en segments plus petits en fonction de facteurs tels que la démographie, la géographie et les modèles de comportement. Cela vous aidera à mieux comprendre les besoins et les préférences des différents groupes et à concevoir votre produit pour répondre à leurs besoins spécifiques.
- **Identifier les personas** : les personas sont des représentations fictives d'utilisateurs typiques au sein d'un segment, composées de leurs objectifs, défis, préférences et motivations. Le développement de personas peut fournir une base pour déterminer les groupes d'utilisateurs spécifiques que vous souhaitez cibler et évaluer votre MVP.
- **Réaliser des entretiens avec les utilisateurs** : menez des entretiens avec des utilisateurs potentiels pour comprendre leurs motivations, leurs problèmes et les solutions actuelles aux problèmes que votre MVP vise à résoudre. Utilisez ces informations pour cibler les bons segments d'utilisateurs et concevoir un MVP adapté à leurs besoins.

6.1.2 Collecte de commentaires

Une fois que vous avez identifié votre public cible, vous devez choisir les méthodes appropriées pour recueillir les commentaires. Il n'existe pas de solution universelle et vous devrez peut-être utiliser une combinaison de méthodes pour obtenir une compréhension globale des expériences utilisateur.

- **Entretiens en personne ou à distance** : les entretiens individuels sont un moyen efficace d'obtenir des informations approfondies sur le processus de réflexion d'un utilisateur et son expérience avec votre MVP. Vous pouvez observer comment ils interagissent avec votre produit, poser des questions et approfondir leurs commentaires. Les entretiens à distance peuvent être menés via des outils de vidéoconférence si les réunions en personne ne sont pas possibles.
- **Groupes de discussion** : Un groupe de discussion consiste à rassembler un petit groupe de personnes représentant votre public cible et à faciliter les discussions sur votre MVP. Les groupes de discussion peuvent aider à évaluer le sentiment général, à capturer la dynamique du groupe et à découvrir les domaines à améliorer.
- **Enquêtes en ligne** : les enquêtes offrent un moyen rapide et rentable de recueillir simultanément les commentaires de nombreux utilisateurs. Créez des questionnaires bien conçus, analysez les données qualitatives et quantitatives et utilisez ces informations pour affiner votre MVP.
- **Surveillance des réseaux sociaux** : surveillez les plateformes de réseaux sociaux pour détecter les commentaires, commentaires et avis générés par les utilisateurs sur votre MVP. Cela peut fournir des informations précieuses sur le sentiment des utilisateurs et les domaines potentiels d'amélioration.

6.1.3 Analyse des commentaires des utilisateurs

La simple collecte de commentaires ne suffit pas ; vous devez également l'analyser systématiquement pour vous assurer que vous pouvez appliquer les informations acquises pour améliorer votre MVP.

- **Catégoriser les commentaires** : organisez les commentaires reçus en différentes catégories telles que la convivialité, les fonctionnalités, la conception et les performances. La catégorisation des commentaires vous aidera à identifier les modèles et les domaines qui nécessitent votre attention et à prioriser les tâches pour la prochaine itération de votre MVP.
- **Analyse quantitative** : analysez les données quantitatives, telles que les réponses aux enquêtes et les évaluations des applications, pour évaluer le sentiment des utilisateurs et identifier les tendances au fil du temps. Utilisez des outils tels que des feuilles de calcul ou des logiciels d'analyse spécialisés pour analyser les données et générer des informations exploitables.
- **Analyse qualitative** : analysez les entrées qualitatives, telles que les réponses aux enquêtes ouvertes et les transcriptions des entretiens, pour découvrir des informations uniques et les points de vue des utilisateurs individuels. Utilisez des techniques de codage pour identifier les thèmes et modèles récurrents dans les données afin de mieux comprendre les expériences et les attentes des utilisateurs.
- **Visualisation** : créez des représentations visuelles de votre analyse de données, telles que des tableaux, des graphiques ou des cartes thermiques, pour mieux

comprendre les modèles et les tendances des commentaires.

6.1.4 Réagir aux commentaires

Une fois que vous avez analysé les retours des utilisateurs, l'étape suivante consiste à réagir et à s'adapter. Utilisez les informations issues des commentaires pour améliorer votre MVP et le préparer pour la prochaine phase de test.

- **Itérer** : mettez à jour votre MVP à l'aide des commentaires recueillis, résolvez les problèmes des utilisateurs et ajoutez ou affinez des fonctionnalités en fonction de la demande des utilisateurs. Il est essentiel de maintenir la nature maigre de votre produit pendant ce processus et de garder son noyau intact.
- **Mises à jour régulières** : assurez-vous que les utilisateurs sont informés des modifications que vous avez apportées en réponse à leurs commentaires. Cette transparence vous aidera à établir la confiance avec vos utilisateurs et à retenir leur attention et leur engagement.
- **Re-tester** : après avoir implémenté les modifications, testez à nouveau la version améliorée de votre MVP avec les utilisateurs pour recueillir davantage de commentaires et l'affiner davantage. Itérez et améliorez continuellement votre MVP en fonction des commentaires des utilisateurs jusqu'à ce qu'il devienne un produit complet qui répond aux besoins et aux attentes des utilisateurs.

N'oubliez pas que la clé du succès des tests et de la validation de votre MVP est de s'adapter et de s'améliorer continuellement en fonction des commentaires et des analyses des utilisateurs. Obtenez les commentaires des utilisateurs à partir d'un large éventail de sources, analysez les données collectées et appliquez ces informations pour améliorer votre MVP. En suivant ces étapes, vous pouvez vous assurer que votre MVP répond aux besoins réels des utilisateurs et résout les véritables problèmes, conduisant à un lancement de produit réussi.

6.2 L'importance de recueillir les commentaires et les analyses des utilisateurs

Tout au long du développement et du lancement de votre MVP sans code, vous pouvez facilement vous retrouver piégé dans l'état d'esprit « si j'ajoute simplement cette fonctionnalité supplémentaire, ce sera parfait ». Bien que le désir de créer un produit parfait soit compréhensible, il conduit souvent les entrepreneurs à manquer une étape cruciale dans la création d'un produit numérique réussi : rechercher et agir en fonction des commentaires et des analyses des utilisateurs.

Les commentaires et analyses des utilisateurs sont une partie essentielle du processus de développement, car ils offrent un aperçu de la manière dont vos clients interagissent réellement avec votre produit et le perçoivent. Ces informations sont fondamentales pour maximiser l'utilité et la valeur de votre MVP, car elles conduisent à des décisions éclairées qui ont un impact sur le développement de produits, le marketing, les ventes et le support client.

Dans cette section, nous aborderons diverses méthodes et outils permettant de recueillir les commentaires et les analyses des utilisateurs, ainsi que la manière d'interpréter et d'agir en fonction des informations recueillies.

1. Utiliser les canaux de rétroaction

Lorsqu'il s'agit d'obtenir les commentaires des utilisateurs, il est essentiel de proposer à vos clients différents canaux par lesquels ils peuvent exprimer leurs opinions. Ces canaux peuvent inclure :

- **Support client :** assurez-vous que votre équipe d'assistance écoute activement les commentaires des clients tout en répondant aux besoins par e-mail, chat en direct ou conversations téléphoniques. Demandez-leur de documenter tout commentaire pour examen et analyse.
- **Enquêtes en ligne :** des outils tels que Google Forms, SurveyMonkey ou Typeform vous permettent de créer des enquêtes complètes qui peuvent être envoyées à vos clients. Vous pouvez utiliser ces plateformes pour poser des questions directes aux utilisateurs sur votre produit, évaluer les niveaux de satisfaction et solliciter des commentaires généraux.
- **Médias sociaux :** surveillez vos comptes de réseaux sociaux pour détecter tout retour pouvant provenir de messages directs ou de commentaires sur vos publications. Encouragez les utilisateurs à donner leur avis en interagissant activement avec eux et en répondant à leurs préoccupations.
- **Formulaires de commentaires des utilisateurs :** intégrez des formulaires de commentaires des utilisateurs sur votre site Web ou dans votre MVP, permettant aux utilisateurs de fournir facilement des commentaires à tout moment au cours de leur expérience avec votre produit.

2. Analyses dans l'application

En plus de collecter des données qualitatives auprès des utilisateurs, vous devez envisager de collecter des données quantitatives à l'aide d'outils d'analyse. Ces outils surveillent le comportement des utilisateurs et peuvent fournir des informations inestimables pour apporter des améliorations à votre produit basées sur les données. Voici des exemples d'outils d'analyse :

- **Google Analytics :** un outil d'analyse populaire et puissant qui peut offrir des informations sur la façon dont les utilisateurs interagissent avec votre site Web, y compris des mesures telles que la durée des sessions, les taux de rebond et le flux d'utilisateurs. Vous pouvez également définir des objectifs de suivi des conversions pour mesurer l'efficacité avec laquelle votre MVP atteint les objectifs commerciaux.
- **Mixpanel :** Mixpanel est une plate-forme d'analyse basée sur des événements qui suit les interactions des utilisateurs avec votre produit en temps réel. Il fournit des informations granulaires sur la manière dont les utilisateurs interagissent avec différentes caractéristiques ou fonctionnalités, révélant des modèles qui peuvent conduire à des opportunités d'optimisation.
- **Amplitude :** Semblable à Mixpanel, Amplitude est une autre plateforme qui vous permet d'analyser les données sur le comportement des clients à grande échelle. En vous concentrant sur la croissance, vous pouvez utiliser les données d'Amplitude pour optimiser la fidélisation des utilisateurs, améliorer les expériences d'intégration et personnaliser les engagements des clients.

3. Analyser les données

Il ne suffit pas de recueillir simplement les commentaires et les analyses des utilisateurs ; vous devez prendre le temps d'examiner et d'interpréter minutieusement les données, en recherchant des modèles et des tendances susceptibles de suggérer des opportunités d'amélioration. Considérez les étapes suivantes dans votre processus d'analyse de données :

1. **Organisez les commentaires des utilisateurs :** catégorisez les commentaires et utilisez un système pour hiérarchiser les informations les plus urgentes ou les plus percutantes pour une action immédiate.
2. **Identifiez les thèmes communs :** recherchez les problèmes, demandes ou préoccupations récurrents dans les commentaires de plusieurs utilisateurs, car ils peuvent représenter des domaines qui nécessitent une amélioration immédiate.
3. **Suivre les métriques et les KPI :** à l'aide d'outils tels que les tableaux de bord, suivez les indicateurs de performance clés (KPI) et d'autres mesures essentielles afin de suivre les progrès et de prendre des décisions basées sur les données.
4. **Créer des plans d'action :** sur la base de l'analyse des commentaires recueillis, élaborer des plans d'action traitant des problèmes critiques et déterminer comment ces plans peuvent être mis en œuvre et suivis pour garantir leur succès.
5. **Itération continue :** le processus de collecte, d'analyse et d'action en fonction des commentaires des utilisateurs doit être sans fin. Améliorez continuellement votre produit grâce aux commentaires et aux analyses des utilisateurs, en restant fidèle à l'état d'esprit agile et adaptatif qui a inspiré votre MVP sans code en premier lieu.

En conclusion

Votre MVP sans code est un moyen de recueillir des commentaires et des informations précieux des utilisateurs, qui peuvent éclairer les décisions et faciliter la croissance. Grâce à une collecte proactive et à une analyse réfléchie de données qualitatives et quantitatives, vous pouvez créer un produit qui trouve un écho auprès de votre public cible et évolue pour répondre à ses besoins. Adoptez la nature itérative du processus MVP et laissez les commentaires et les analyses des utilisateurs vous guider dans votre parcours vers la création d'un produit numérique réussi.

6. Test et validation de votre MVP : commentaires et analyses des utilisateurs

Un MVP, ou Minimum Viable Product, est un prototype de votre produit qui comprend juste assez de fonctionnalités pour valider sa valeur fondamentale. En testant et en validant votre MVP sans code, vous pouvez économiser un temps et des ressources considérables qui seraient autrement consacrés au développement de fonctionnalités que les utilisateurs pourraient ne pas trouver utiles.

Dans cette section, nous aborderons les aspects essentiels du test et de la validation de votre MVP sans code. Nous aborderons les stratégies permettant de recueillir les commentaires des utilisateurs, d'analyser les données et analyses d'utilisation, et d'itérer sur votre MVP pour une meilleure adéquation au marché.

6.1. Préparation aux commentaires des utilisateurs

Les commentaires des utilisateurs sont essentiels pour comprendre si votre MVP fournit la valeur attendue à votre public cible. Pour recueillir des informations auprès d'utilisateurs réels, vous devez préparer un processus de feedback bien structuré. Voici quelques étapes essentielles à suivre :

6.1.1. Définissez votre public cible

La première et la plus cruciale étape pour obtenir des commentaires précieux consiste à identifier votre public cible. Soyez précis sur les données démographiques, les intérêts et les comportements qui décrivent vos utilisateurs idéaux. En définissant votre public cible, vous pouvez explorer en toute confiance les bons canaux pour atteindre les utilisateurs potentiels et demander leurs commentaires.

6.1.2. Créer un plan de commentaires des utilisateurs

Créez un plan qui identifie la manière dont vous collecterez les commentaires des utilisateurs, qui sera responsable de leur collecte et de leur analyse, la quantité de commentaires que vous souhaitez collecter et le calendrier de collecte des commentaires. Ce plan vous aidera à rester organisé et concentré pendant votre phase de test MVP.

6.1.3. Développer un canal de rétroaction convivial

Développez un moyen simple et accessible permettant aux utilisateurs de partager leurs réflexions sur votre MVP. Il peut s'agir d'un simple formulaire en ligne, d'une adresse e-mail ou même de messages directs sur les plateformes de réseaux sociaux. Assurez-vous de communiquer que vous appréciez et valorisez leur contribution.

6.2. Recueillir les commentaires des utilisateurs

Une fois que vous êtes bien préparé et savez qui cibler, il est temps de recueillir les commentaires des utilisateurs. Voici quelques méthodes pour atteindre votre public cible et recueillir ses avis :

6.2.1. Enquêtes et questionnaires

Créez des enquêtes ou des questionnaires concis et bien structurés pour collecter des données quantitatives auprès de votre public cible. Il existe de nombreux outils en ligne comme Google Forms, SurveyMonkey ou Typeform pour créer et diffuser votre enquête. Utilisez un mélange de questions ouvertes et fermées pour obtenir des réponses détaillées.

6.2.2. Entretiens

Mener des entretiens individuels avec les utilisateurs offre un aperçu plus approfondi de leur expérience avec votre MVP. Préparez une série de questions liées à votre produit, à ses fonctionnalités et à sa convivialité. Utilisez des questions ouvertes telles que « *Qu'est-ce que vous avez le plus aimé dans ce produit ?* » ou *"Qu'est-ce qui peut être amélioré dans ce produit ?"* pour obtenir des commentaires détaillés et exploitables.

6.2.3. Tests utilisateur

Invitez les utilisateurs à tester votre MVP dans un environnement contrôlé, à distance ou en personne. Observez leurs interactions avec votre produit, demandez-leur de réfléchir à voix haute pendant qu'ils parcourent les fonctionnalités et capturez leurs réactions naturelles. Cette approche pratique des commentaires des utilisateurs est inestimable pour comprendre la convivialité et l'expérience utilisateur de votre MVP.

6.3. Analyse des commentaires et analyses des utilisateurs

Après avoir recueilli les commentaires des utilisateurs, il est temps d'analyser les données et d'identifier les modèles qui peuvent guider les itérations de vos produits. Voici quelques conseils pour vous aider à analyser efficacement les commentaires des utilisateurs :

6.3.1. Catégoriser les commentaires

Classez les commentaires des utilisateurs par thème (par exemple, convivialité, fonctionnalités, conception) et par priorité (par exemple, problèmes critiques, améliorations, éléments intéressants). Cela vous aidera à identifier les points faibles courants et les domaines à améliorer.

6.3.2. Analyse quantitative et qualitative

Analysez les données quantitatives (par exemple, les résultats d'enquêtes) pour comprendre le sentiment général des utilisateurs et identifier les tendances. Analysez les commentaires qualitatifs (par exemple, les réponses aux entretiens) pour obtenir des informations plus approfondies sur les pensées et les perceptions des utilisateurs. La combinaison de données quantitatives et qualitatives fournira une compréhension globale des performances de votre MVP.

6.3.3. Utilisez des outils d'analyse sans code

Les outils d'analyse sans code, tels que Google Analytics, Hotjar ou Mixpanel, peuvent fournir des informations précieuses sur la manière dont les utilisateurs interagissent avec votre MVP. Ces outils peuvent vous aider à suivre l'activité des utilisateurs, à identifier les goulots d'étranglement et à mesurer l'expérience utilisateur globale.

6.4. Itération et surveillance

En utilisant les informations issues des commentaires et des analyses des utilisateurs, il est temps d'itérer sur votre produit et d'améliorer ses fonctionnalités, sa convivialité ou son apparence. Surveillez en permanence les commentaires des utilisateurs, suivez vos KPI et prenez des décisions basées sur les données pour améliorer votre MVP.

En conclusion, tester et valider votre MVP no-code est une étape cruciale vers la création d'un produit performant. En recueillant les commentaires des utilisateurs, en analysant les données d'utilisation et en itérant en fonction des informations des utilisateurs, vous pouvez augmenter considérablement les chances que votre produit trouve un écho auprès de votre public cible et réussisse sur le marché.

6.1 Importance des commentaires et des analyses des utilisateurs dans No-Code MVP

Avant de plonger dans les méthodes et les outils que vous pouvez utiliser pour tester et valider votre MVP sans code, comprenons pourquoi les commentaires et analyses des utilisateurs sont nécessaires en premier lieu. Créer une startup à partir de zéro est un processus qui demande beaucoup de ressources et de temps. Vous ne voulez pas gaspiller vos efforts à créer un produit dont personne n'a besoin ou ne veut. C'est là qu'intervient la validation de votre MVP.

Un MVP (Minimum Viable Product) est une version allégée de votre produit final, développée pour tester la demande du marché et garantir que vous êtes sur la bonne voie. Les commentaires et analyses des utilisateurs au cours de la phase MVP peuvent fournir des informations et des informations relatives à :

1. **Demande du marché :** la demande pour votre produit est-elle suffisante ?
2. **Proposition de valeur :** votre produit résout-il un problème ou répond-il à un besoin de vos utilisateurs cibles ?
3. **Convivialité :** votre produit est-il facile à utiliser et à comprendre pour votre public cible ?
4. **Priorisation des fonctionnalités :** quelles fonctionnalités sont considérées comme essentielles par vos utilisateurs, et lesquelles peuvent être ajoutées ultérieurement ou améliorées en fonction des commentaires des utilisateurs ?
5. **Raffinement et itération :** comment pouvez-vous itérer et améliorer votre MVP en fonction des commentaires des utilisateurs et des données analytiques ?

Pour recueillir les commentaires des utilisateurs et analyser leur comportement lors de l'utilisation de votre MVP sans code, une combinaison de méthodes qualitatives et quantitatives est cruciale.

Commentaires qualitatifs des utilisateurs

Les commentaires qualitatifs font référence à toutes les données non métriques qui vous aident à comprendre ce que vos utilisateurs ressentent et perçoivent votre MVP. Les méthodes qualitatives peuvent inclure :

1. **Entretiens avec les utilisateurs :** menez des entretiens avec les premiers utilisateurs de votre MVP, en vous concentrant sur la compréhension de leur expérience globale, de leurs goûts, de leurs

aversions et des domaines d'amélioration qu'ils suggèrent. Il est essentiel de poser des questions ouvertes afin de ne pas biaiser les retours des utilisateurs.

2. **Groupes de discussion :** engagez de petits groupes de votre public cible et demandez-leur de donner leur avis sur votre MVP dans un contexte de discussion. Les groupes de discussion peuvent fournir des opinions diverses et mener à des débats précieux sur les caractéristiques et la valeur de votre produit.

3. **Enquêtes et questionnaires auprès des utilisateurs :** créez des enquêtes et des questionnaires détaillés, interrogeant les utilisateurs sur leur expérience, les problèmes ou les améliorations qu'ils visualisent pour le MVP. Les enquêtes peuvent également inclure des sections de commentaires ouvertes pour des informations plus qualitatives.

4. **Observation et analyse des tâches :** observez les utilisateurs pendant qu'ils interagissent avec votre MVP, soit en personne, soit via des outils de partage d'écran. Vous pouvez obtenir des informations précieuses de première main sur la manière dont les utilisateurs utilisent votre produit, sur les aspects qu'ils trouvent déroutants ou peu intuitifs, et sur les domaines sur lesquels ils ont tendance à se concentrer le plus.

Analyse quantitative des utilisateurs

L'analyse quantitative fait référence aux données numériques collectées sur le comportement des utilisateurs, qui peuvent être analysées pour mieux comprendre la façon dont les utilisateurs interagissent avec votre MVP. Plusieurs outils sans code vous permettent de suivre diverses interactions des utilisateurs dans votre produit. Les données analytiques peuvent vous aider à valider vos hypothèses, à découvrir des modèles de comportement inattendus et à optimiser votre MVP sans code. Certaines méthodes quantitatives à considérer comprennent :

1. **Métriques d'utilisation** : rassemblez des analyses sur les fonctionnalités les plus utilisées, le temps moyen passé sur votre MVP et le nombre d'utilisateurs uniques visitant votre site.
2. **Métriques d'acquisition** : identifiez les canaux les plus efficaces par lesquels vous acquérez de nouveaux utilisateurs et mesurez le retour sur investissement (ROI) de ces canaux.
3. **Rétention et désabonnement** : mesurez la rétention des utilisateurs au fil du temps pour comprendre si les utilisateurs continuent à utiliser votre MVP et le trouvent utile ou s'ils l'abandonnent après les premières interactions.
4. **Taux de conversion** : suivez les taux de conversion pour diverses actions telles que les inscriptions d'utilisateurs, les achats ou d'autres actions souhaitées, en fonction des objectifs de votre MVP.

Outils d'analyse sans code populaires

Voici quelques outils d'analyse sans code populaires que vous pouvez rapidement mettre en œuvre sur votre MVP :

1. Google Analytics : Un outil d'analyse puissant et largement utilisé pour suivre le comportement des utilisateurs et les sources de trafic.
2. Heap : un outil d'analyse basé sur des événements qui suit automatiquement les interactions des utilisateurs telles que les clics et les pages vues, vous permettant d'analyser le comportement des utilisateurs de manière rétroactive.

3. Mixpanel : un outil d'analyse robuste qui fournit des informations sur le comportement des utilisateurs grâce à l'analyse de l'entonnoir, à l'analyse des cohortes et à la segmentation.
4. Hotjar : un outil de commentaires des utilisateurs et d'analyse du comportement qui fournit des cartes thermiques, des enregistrements de session et des enquêtes auprès des utilisateurs.

Au fur et à mesure que vous progressez dans le test et la validation de votre MVP sans code, disposer d'un bon mélange de méthodes qualitatives et quantitatives contribue grandement à obtenir des informations exploitables qui peuvent conduire à une meilleure prise de décision, une meilleure priorisation des fonctionnalités et une optimisation de l'expérience utilisateur. N'oubliez jamais que l'objectif principal de votre MVP est d'apprendre et d'itérer, alors adoptez les commentaires et les analyses pour vous assurer de développer un produit qui ravit vos utilisateurs et répond efficacement à leurs besoins.

6.1 Collecte des commentaires essentiels des utilisateurs et analyse des données pour votre MVP sans code

Obtenir des informations auprès de vos utilisateurs et analyser les données collectées lors des tests MVP est crucial pour façonner et affiner votre produit. Cette phase vous permet d'abandonner les fonctionnalités que les utilisateurs trouvent peu attrayantes, déroutantes ou inutiles, et de travailler sur celles qui créent réellement de la valeur. Dans cette section, nous présenterons diverses méthodes pour recueillir les commentaires des utilisateurs, et discuterons également des outils et des stratégies permettant de prendre des décisions basées sur les données pour votre MVP sans code.

6.1.1 Enquêtes et entretiens auprès des utilisateurs

Enquêtes auprès des utilisateurs : les enquêtes sont un moyen populaire de recueillir les commentaires des utilisateurs, car elles sont faciles à créer, à diffuser et peuvent être rendues anonymes pour encourager des réponses franches. À l'aide d'outils d'enquête tels que Typeform, Survey Monkey ou même Google Forms, vous pouvez créer vos propres enquêtes adaptées à votre MVP.

- Commencez par des questions démographiques de base (par exemple, âge, sexe, emplacement) pour comprendre le profil de vos utilisateurs.
- Incluez des questions sur l'expérience de l'utilisateur avec votre MVP, telles que la fréquence à laquelle il l'utilise et ce qu'il aime ou n'aime pas.
- Obtenez des commentaires spécifiques sur des fonctionnalités individuelles, ainsi que sur la convivialité globale de votre produit.
- Enfin, posez des questions ouvertes pour donner aux utilisateurs la possibilité d'exprimer leurs opinions et de formuler des suggestions.

N'oubliez pas de garder l'enquête courte et précise pour garantir un taux de réponse plus élevé.

Entretiens avec les utilisateurs : même si les enquêtes peuvent vous fournir de nombreuses informations, une conversation en tête-à-tête peut parfois être nécessaire pour obtenir des informations plus approfondies. Planifiez des entretiens avec vos utilisateurs et posez-leur des questions détaillées sur leur expérience avec votre produit. Au cours de ces discussions, observez le langage corporel, le ton et le choix des mots de l'utilisateur pour mieux comprendre ses émotions et ses réactions à l'égard de votre produit.

6.1.2 Commentaires dans l'application et tests d'utilisabilité

Outils de commentaires dans l'application : il est important de permettre aux utilisateurs de donner aussi facilement que possible des commentaires lorsqu'ils interagissent avec votre produit. L'intégration d'outils tels que UserReport, Hotjar ou Mopinion permet aux utilisateurs de soumettre des suggestions, de signaler des bugs et d'exprimer leurs opinions sans quitter l'application.

Test d'utilisabilité : cette méthode consiste à observer les utilisateurs lorsqu'ils interagissent avec votre produit, vous permettant d'identifier les obstacles ou les domaines dans lesquels ils pourraient avoir des difficultés. Vous pouvez exécuter des tests d'utilisabilité à distance à l'aide de plateformes telles que UserTesting ou TryMyUI ou les effectuer en personne pour avoir une vue rapprochée de l'expérience de l'utilisateur.

6.1.3 Métriques et analyse des données

La collecte de mesures et l'analyse des données sont cruciales pour mesurer le succès de votre MVP et prendre des décisions fondées sur des preuves concernant son développement futur. Bien que les données qualitatives telles que les commentaires des utilisateurs soient essentielles, vous devez également utiliser des données quantitatives pour sauvegarder les informations que vous collectez. Voici quelques indicateurs clés sur lesquels se concentrer :

- **Rétention** : Cela indique le nombre d'utilisateurs qui continuent à utiliser votre produit au fil du temps. Une rétention élevée suggère que votre MVP apporte de la valeur aux utilisateurs, tandis qu'une faible rétention souligne qu'il y a place à l'amélioration.
- **Acquisition d'utilisateurs** : Le nombre de nouveaux utilisateurs que vous acquérez sur une période donnée signifie votre croissance. Comparez votre taux d'acquisition d'utilisateurs avec votre taux de rétention pour juger du succès global de votre produit.
- **Taux de conversion** : si votre MVP a un objectif final (par exemple, achat, abonnement ou inscription), le taux de conversion mesure le pourcentage d'utilisateurs qui atteignent cet objectif.
- **Engagement** : cela englobe diverses mesures telles que le temps passé sur votre application, la fréquence d'utilisation et les interactions avec des fonctionnalités spécifiques. L'engagement peut donner une idée du niveau de satisfaction des utilisateurs et des domaines dans lesquels des améliorations sont nécessaires.

6.1.4 Analyser et apprendre des données

Il ne suffit pas de simplement recueillir des commentaires et des données : vous devez les analyser et en tirer des informations précieuses qui mènent à l'action. Voici quelques bonnes pratiques pour analyser et apprendre à partir des données :

- Recherchez des tendances dans les commentaires des utilisateurs et hiérarchisez les problèmes ou les suggestions d'amélioration les plus fréquemment signalés.
- Analysez les résultats de l'enquête à l'aide d'aides visuelles telles que des tableaux et des graphiques

pour identifier facilement les tendances et les valeurs
aberrantes.

- Établissez une « boucle de rétroaction » en
examinant et en mettant régulièrement en œuvre des
modifications basées sur les suggestions des
utilisateurs et en suivant les résultats. Cela vous
aidera à itérer et à améliorer votre produit au fil du
temps.

En évaluant soigneusement les commentaires de vos
utilisateurs et en analysant les données de votre MVP, vous
pouvez identifier les domaines d'amélioration, valider vos
hypothèses initiales et mieux comprendre votre public cible.
Fort de ces connaissances, vous pouvez prendre des
décisions fondées sur des données pour façonner l'avenir de
votre produit et, en fin de compte, déterminer le succès de
votre idée de startup.

7. Apporter des améliorations basées sur les données : affiner et optimiser votre produit

7.1. Collectez des données utilisateur précieuses

La première étape pour apporter des améliorations basées
sur les données à votre MVP sans code consiste à collecter
des données utilisateur précieuses. Les données que vous
collectez vous permettront de comprendre comment les
utilisateurs interagissent avec votre produit et de révéler les
domaines qui nécessitent une optimisation.

7.1.1. Fixer des objectifs et des KPI

Avant de commencer à collecter des données, il est crucial d'identifier vos objectifs et vos indicateurs clés de performance (KPI). Ces objectifs doivent correspondre à vos objectifs commerciaux globaux et doivent être spécifiques, mesurables, réalisables, pertinents et limités dans le temps (SMART).

Certains KPI courants pour les MVP sans code incluent :

- Engagement des utilisateurs (temps passé sur la plateforme, pages visitées, etc.)
- Acquisition d'utilisateurs (nombre d'inscriptions, taux de conversion visiteur en client, etc.)
- Rétention (pourcentage d'utilisateurs qui continuent à utiliser le produit après l'inscription, etc.)

7.1.2. Établir des méthodes de suivi

Une fois que vous avez défini vos objectifs et vos KPI, il est temps de mettre en place des mécanismes pour suivre les données des utilisateurs. Les MVP sans code bénéficient de divers outils et plateformes qui vous permettent de surveiller les interactions des utilisateurs sans écrire une seule ligne de code. Certains outils d'analyse populaires incluent Google Analytics, Mixpanel et Amplitude.

Pour commencer, identifiez les flux d'utilisateurs critiques de votre produit qui correspondent à vos objectifs et à vos KPI. Par exemple, si l'acquisition d'utilisateurs est un objectif principal, la surveillance du processus d'inscription des utilisateurs doit être une priorité. Ensuite, commencez à mettre en œuvre le suivi des événements avec l'outil d'analyse de votre choix, en vous assurant de couvrir toutes les actions pertinentes des utilisateurs dans les flux cibles.

7.1.3. Segmenter et analyser les données

Après avoir configuré le suivi, vous commencerez à accumuler des données utilisateur. La clé est d'analyser et d'interpréter les données de manière à fournir des informations exploitables. Une méthode efficace pour y parvenir consiste à segmenter vos données en fonction des propriétés ou des actions des utilisateurs.

Par exemple, vous souhaiterez peut-être segmenter les utilisateurs en fonction de leur source de trafic pour comprendre quels canaux marketing génèrent les utilisateurs les plus engagés. Vous pouvez également segmenter les utilisateurs en fonction de leurs actions dans l'application, par exemple ceux qui ont terminé une tâche spécifique ou atteint une étape spécifique.

En segmentant vos données, vous découvrirez des informations précieuses sur les modèles de comportement et les préférences des utilisateurs, qui peuvent éclairer vos efforts d'optimisation MVP.

7.2. Prioriser les améliorations des produits

Avec toutes les informations précieuses que vous avez tirées de l'analyse des données, il est temps de commencer à apporter des améliorations ciblées aux produits. Il est crucial de prioriser ces améliorations en fonction de facteurs tels que leur impact potentiel, leur facilité de mise en œuvre et leur alignement avec vos objectifs et KPI.

7.2.1. Créer une feuille de route produit

L'élaboration d'une feuille de route produit vous aide à planifier et à prioriser vos améliorations sur un calendrier spécifique. Une méthode simple mais efficace pour créer une feuille de route consiste à utiliser le cadre de notation ICE, qui signifie Impact, Confiance et Facilité.

- Impact : quel effet cette amélioration aura-t-elle sur vos KPI ou vos objectifs commerciaux ?
- Confiance : Dans quelle mesure êtes-vous sûr que l'amélioration aura le résultat escompté ?
- Facilité : Dans quelle mesure est-il facile ou difficile de mettre en œuvre l'amélioration ?

Attribuez un score à chaque idée d'amélioration en fonction de ces facteurs, puis calculez un score global en faisant la moyenne des scores des catégories. Ce score ICE global vous aidera à prioriser les améliorations et à déterminer celles à aborder en premier.

7.2.2. Tester et itérer

Après avoir priorisé vos améliorations, commencez à les implémenter dans votre MVP no-code tout en surveillant l'impact sur vos KPI. Gardez à l'esprit que toutes les améliorations n'entraîneront pas un changement instantané ; certains peuvent mettre du temps à montrer des résultats visibles.

Adoptez le processus d'itération et de raffinement continus pendant que vous analysez l'impact de vos changements et ajustez votre feuille de route produit en conséquence. Exécutez des tests A/B pour expérimenter différentes solutions afin de trouver la plus efficace pour votre public cible.

N'oubliez pas que l'optimisation et l'affinement de votre MVP sans code sont un processus d'apprentissage qui implique à la fois des succès et des échecs. Utilisez vos informations basées sur les données pour prendre des décisions éclairées et vous adapter aux besoins et préférences en constante évolution de votre base d'utilisateurs.

7.3. Favoriser une culture axée sur les données

Les améliorations basées sur les données ne doivent pas être un exercice ponctuel, mais plutôt faire partie d'un engagement continu en faveur d'une croissance et d'une amélioration continues. Cultiver un état d'esprit axé sur les données parmi les membres de votre équipe peut aider à inculquer cette pratique dans toute votre organisation.

7.3.1. Encourager la maîtrise des données

Assurez-vous que tous les membres de votre équipe comprennent l'importance des données, les outils utilisés pour collecter et analyser les données, et comment les informations basées sur les données peuvent éclairer les décisions relatives aux produits. Autonomisez les membres de l'équipe en leur fournissant des formations et des ressources pour améliorer leur maîtrise des données.

7.3.2. Partager les progrès et les réussites

Partagez régulièrement des informations sur les données, des mises à jour de progrès et des témoignages de réussite avec votre équipe. Cela favorise une culture de transparence et démontre la valeur d'une prise de décision fondée sur les données.

En suivant ces étapes et en restant déterminé à apporter des améliorations basées sur les données, vous serez bien équipé pour optimiser et affiner votre MVP sans code. En conséquence, vous créerez un produit qui résonne mieux auprès de votre public cible, plaçant ainsi votre startup sur la voie du succès à long terme.

7.1 Analyser les commentaires des utilisateurs et les métriques du produit pour optimiser votre MVP sans code

L'un des éléments clés du succès de toute startup est la capacité à continuer à affiner et à optimiser le produit en fonction des données et des commentaires des utilisateurs. À l'ère de marchés hautement compétitifs et en évolution rapide, être capable de pivoter et de s'adapter rapidement est la pierre angulaire du succès. Lors de la création d'un MVP No-Code, l'objectif ne doit pas seulement être de développer et de lancer votre produit, mais également d'utiliser la puissance des données pour apporter des améliorations éclairées, créant ainsi un produit plus précieux et plus attrayant pour vos utilisateurs. Nous verrons ici comment vous pouvez analyser les commentaires des utilisateurs et les métriques des produits, permettant ainsi des améliorations basées sur les données pour votre MVP No-Code.

Collecte de données

Avant de nous lancer dans l'analyse des données et des commentaires des utilisateurs, nous devons d'abord nous assurer que les bons points de données sont collectés. Voici quelques aspects essentiels de la collecte de données pour un MVP No-Code :

1. **Suivi du comportement des utilisateurs** : utilisez des outils d'analyse (tels que Google Analytics ou Mixpanel) pour suivre l'interaction des utilisateurs avec votre produit. Identifiez les indicateurs de performance clés (KPI) de votre application et assurez-vous que vos outils d'analyse sont capables de suivre chaque KPI.
2. **Rapports d'utilisation des fonctionnalités** : analysez la fréquence à laquelle chaque fonctionnalité de votre produit est utilisée par vos utilisateurs. Ces informations vous donneront un aperçu des fonctionnalités qui sont essentielles et les plus souvent utilisées, et de celles qui pourraient nécessiter une amélioration ou une réévaluation supplémentaire.
3. **Commentaires des utilisateurs** : recherchez activement les commentaires des utilisateurs via différents canaux. Vous pouvez utiliser des enquêtes, des widgets de commentaires, les réseaux sociaux ou un contact direct avec les utilisateurs pour connaître leurs opinions sur votre produit. La collecte de données qualitatives à partir des commentaires des utilisateurs vous aide à identifier les domaines d'amélioration potentiels qui pourraient ne pas être

visibles à travers des données produit purement quantitatives.

Analyser les données quantitatives et identifier les tendances

Une fois que vous avez collecté les données pertinentes, vous devez examiner toutes les tendances ou modèles émergents dans les performances de votre produit. Concentrez-vous sur vos KPI et autres mesures importantes dans cette étape. Effectuez l'analyse suivante :

1. **Analyse de l'entonnoir** : comprenez le parcours utilisateur et identifiez les goulots d'étranglement potentiels susceptibles de provoquer des abandons. Par exemple, si les utilisateurs abandonnent votre site Web pendant le processus d'inscription, vous devrez peut-être simplifier votre formulaire d'inscription ou proposer des options de connexion sociale.
2. **Analyse de cohorte** : regroupez les utilisateurs en fonction de caractéristiques similaires, comme le moment de leur adhésion, et comparez leurs comportements pour identifier les tendances. Par exemple, vous constaterez peut-être que les utilisateurs qui ont découvert votre produit via un canal marketing spécifique ont de meilleurs taux de rétention.
3. **Tests A/B** : expérimentez différentes fonctionnalités et modifications du produit pour voir quel impact cela a sur le comportement des utilisateurs. Par exemple, vous pouvez tester différentes combinaisons de couleurs ou éléments d'interface utilisateur pour comprendre quelle version offre la meilleure expérience utilisateur à votre public cible.

4. **Segmentation** : analysez la façon dont différents groupes d'utilisateurs interagissent avec votre produit pour découvrir des informations précieuses sur votre public cible. Vous constaterez peut-être qu'un certain groupe d'utilisateurs est plus engagé que d'autres ou a des taux de conversion plus élevés.

Utiliser les commentaires qualitatifs pour éclairer les décisions relatives aux produits

Si les données quantitatives fournissent des informations précieuses, il est tout aussi important de recueillir des commentaires qualitatifs sur les expériences des utilisateurs. Voici quelques façons d'analyser efficacement les commentaires qualitatifs des utilisateurs :

1. **Catégoriser les commentaires** : identifiez les thèmes récurrents et les points faibles des commentaires des utilisateurs. Classez-les dans différents domaines tels que les améliorations, les demandes de fonctionnalités ou les rapports de bogues.
2. **Prioriser les commentaires des utilisateurs** : évaluez l'impact et les efforts nécessaires pour mettre en œuvre les commentaires et hiérarchisez-les en conséquence. Concentrez-vous sur des améliorations à fort impact et nécessitant peu d'efforts pour maximiser la valeur des modifications que vous apportez à votre produit.
3. **Détecter les personnalités des utilisateurs** : en analysant les commentaires des utilisateurs, vous pouvez identifier différentes personnalités d'utilisateurs et leurs besoins spécifiques, vous

permettant ainsi d'adapter votre produit pour mieux répondre à ces besoins individuels.

Mise en œuvre d'améliorations basées sur les données

Une fois que vous avez effectué une analyse approfondie des données quantitatives et des commentaires qualitatifs, il est temps d'apporter des améliorations basées sur les données à votre MVP No-Code. Suivez ces étapes pour garantir le succès de votre processus de raffinement de produit :

1. **Créez une feuille de route de développement** : détaillez et hiérarchisez les améliorations identifiées à partir de votre analyse de données, et créez un calendrier de mise en œuvre.
2. **Communiquez avec les utilisateurs** : Informez vos utilisateurs des améliorations à venir et remerciez-les pour leurs précieux retours. Mettez en évidence les changements qui résultent directement de leur contribution, pour démontrer que vous appréciez leurs opinions et que vous travaillez activement à améliorer leur expérience.
3. **Itérer** : continuez à collecter des données et des commentaires même après avoir mis en œuvre des améliorations. Analysez le résultat de vos modifications et continuez à affiner votre produit en fonction des commentaires des utilisateurs.

En analysant constamment les commentaires des utilisateurs et les métriques du produit, vous serez en mesure d'affiner continuellement votre MVP No-Code, ce qui aboutira à un produit plus performant avec une plus grande satisfaction des utilisateurs. N'oubliez pas que la clé du succès à long terme de votre startup est de se concentrer sans relâche sur les améliorations basées sur les données, adaptées à l'évolution des besoins et des désirs de vos utilisateurs.

7.2 Réaliser une analyse quantitative : trouver les indicateurs clés que vous devez suivre

Lorsque vous commencez à engager les clients avec votre MVP sans code, il est essentiel de mesurer leur comportement et leurs interactions avec votre produit. Mais avant de commencer à vous noyer sous les données, il est essentiel de déterminer les indicateurs clés à suivre. En analysant ces données, vous découvrirez des informations qui vous aideront à prendre des décisions basées sur les données, à affiner votre MVP et à optimiser ses performances. Dans cette section, nous explorerons comment effectuer une analyse quantitative en identifiant les indicateurs clés, en les suivant et en interprétant les résultats.

7.2.1 Définir les mesures importantes

En fonction de votre produit, de votre secteur d'activité et de votre public cible, les indicateurs auxquels vous devez prêter attention peuvent différer. Cependant, il existe certaines mesures universelles que la plupart des startups trouvent utiles. Ceux-ci inclus:

1. **Acquisition** : Comprendre d'où viennent vos utilisateurs et quels canaux sont les plus efficaces pour générer du trafic vers votre MVP.

2. **Activation** : mesurer le pourcentage d'utilisateurs acquis qui effectuent la première action utile, comme s'inscrire, sur votre MVP.
3. **Rétention** : Analyser la vitesse à laquelle les utilisateurs continuent d'utiliser votre produit après l'activation.
4. **Revenu** : Calcul du montant d'argent généré par votre MVP.
5. **Parrainage** : suivi des utilisateurs qui font la promotion de votre produit en le référant à d'autres.

Ces cinq métriques, également connues sous le nom d'AARRR, sont les Pirate Metrics développées par Dave McClure, fondateur de 500 Startups. Bien entendu, ces mesures de haut niveau peuvent être décomposées en actions ou événements spécifiques qui vous donnent des informations plus approfondies. Il est crucial d'identifier ces mesures spécifiques et de les suivre régulièrement pour une analyse quantitative significative.

7.2.2 Suivi de vos métriques

Une fois que vous avez identifié les indicateurs clés, vous avez besoin d'outils pour les suivre. Grâce aux plateformes sans code, vous pouvez facilement intégrer des analyses sans avoir besoin de codage ou d'expertise technique. Certains outils populaires et accessibles incluent :

- Google Analytics : un outil d'analyse complet qui suit le trafic du site Web, l'engagement des utilisateurs et d'autres mesures essentielles.
- Mixpanel : une puissante plateforme d'analyse pour les produits mobiles et Web, axée sur le suivi des actions des utilisateurs (événements) et la segmentation des utilisateurs (cohortes).

- Hotjar : un outil qui fournit des cartes thermiques, des enregistrements de visiteurs et des entonnoirs de conversion pour vous aider à optimiser l'expérience utilisateur.

Avec une configuration et une configuration appropriées de ces outils, vous commencerez à collecter des données précieuses qui vous aideront à comprendre comment les utilisateurs interagissent avec votre MVP. Assurez-vous de suivre le comportement des utilisateurs dès le début, car ces données s'avéreront inestimables au fur et à mesure que vous itérerez sur votre MVP et l'optimiserez pour obtenir les meilleures performances.

7.2.3 Interprétation et action sur les données

En collectant et en analysant les données de votre MVP, vous découvrirez des informations qui peuvent vous aider à mieux répondre aux besoins de vos clients. Recherchez les tendances, les modèles et les anomalies dans les données qui pourraient indiquer des opportunités d'amélioration ou d'enquête plus approfondie.

Par exemple, si vous remarquez que les utilisateurs abandonnent fréquemment à un moment spécifique de votre processus d'intégration, vous devrez peut-être ajuster le flux ou fournir davantage d'assistance au cours de cette étape. Alternativement, si un canal marketing génère une quantité importante de trafic, il peut être intéressant d'investir davantage de ressources dans ce canal pour amplifier ses performances.

N'oubliez pas que l'objectif n'est pas de rechercher des indicateurs vaniteux, mais d'identifier les opportunités et d'optimiser votre MVP pour offrir le plus de valeur à vos clients. À mesure que vous découvrez de nouvelles découvertes, il est important de continuer à tester et à affiner votre produit en permanence.

7.2.4 Itération et expérimentation

Votre MVP doit être flexible et adaptable aux demandes du marché et aux attentes des clients en constante évolution. La méthode traditionnelle consistant à effectuer des mises à jour substantielles ou des modifications de produits tous les six à douze mois ne suffira pas dans le paysage numérique en évolution rapide d'aujourd'hui.

Adoptez plutôt une mentalité d'itération et d'expérimentation rapides. Tirez parti des données que vous avez collectées et des informations que vous avez recueillies pour affiner continuellement votre MVP. Utilisez les tests A/B pour comparer différentes versions de votre produit ou des éléments qu'il contient afin de déterminer celles qui résonnent le plus auprès de vos utilisateurs.

N'oubliez pas que le perfectionnement et l'optimisation de votre produit sont un processus continu. Tout comme pour la validation de votre idée de produit via un MVP sans code, les améliorations itératives basées sur les données vous permettent de répondre rapidement aux besoins changeants de vos clients et de fournir constamment le meilleur produit possible.

En conclusion, le suivi et l'analyse des indicateurs clés sont essentiels à la croissance et au succès de votre startup. En définissant, en suivant et en interprétant ces métriques, vous pouvez améliorer continuellement votre MVP sans code et prendre les bonnes décisions basées sur les données pour une entreprise durable et prospère.

7.1 Analyse des données utilisateur : comprenez votre public et comment il utilise votre produit

La base des améliorations basées sur les données dans votre MVP No-Code est la capacité d'analyser le comportement de vos utilisateurs et d'identifier les domaines d'amélioration, d'optimisation et de croissance. Pour ce faire, vous devez collecter et mesurer les données qui reflètent les interactions des utilisateurs avec votre produit. Cela vous permettra de prendre des décisions éclairées qui mèneront à de meilleures expériences utilisateur et, en fin de compte, à des MVP plus performants.

7.1.1 Configuration d'Analytics pour votre MVP No-Code

Pour commencer à prendre des décisions basées sur les données pour votre MVP, vous devez configurer une forme d'analyse pour suivre les interactions des utilisateurs. Les outils sans code sont généralement dotés d'outils d'analyse intégrés ou d'outils d'analyse tiers faciles à intégrer, tels que Google Analytics, Heap ou Mixpanel.

Voici un aperçu simple de la façon de configurer des analyses pour certains outils sans code couramment utilisés :

- **Webflow** - Webflow fournit une intégration intégrée de Google Analytics. Tout ce que vous avez à faire est de saisir votre identifiant de suivi dans les paramètres du projet et Webflow s'occupera du reste. Vous pouvez également configurer Google Tag Manager pour un suivi plus avancé.

- **Bubble** - Bubble dispose d'une fonction d'analyse intégrée qui fournit des données essentielles, telles que le nombre d'utilisateurs et les pages vues. Vous pouvez également intégrer des outils d'analyse tiers tels que Google Analytics, Heap ou Mixpanel en ajoutant leur code de suivi à l'en-tête de votre application ou en utilisant des plugins.
- **Appgyver** - Appgyver vous permet d'utiliser les codes de suivi JavaScript fournis par les plateformes d'analyse, telles que Google Analytics, Heap ou Mixpanel, et de les intégrer directement dans la logique de votre application. Vous pouvez également utiliser la fonctionnalité API REST pour récupérer des données à partir des outils d'analyse.
- **Adalo** - Adalo propose une interface simple pour ajouter des outils d'analyse tiers tels que Google Analytics, Mixpanel ou Amplitude à votre application. Vous pouvez ajouter ces intégrations via la section « Services externes » dans les paramètres de l'application.

N'oubliez pas que lors de la configuration des analyses pour votre No-Code MVP, cela peut devenir assez complexe et il est toujours recommandé de demander conseil à un expert, car vous souhaitez que les données collectées soient aussi précises et utiles que possible.

7.1.2 Identification des indicateurs de performance clés (KPI)

Une fois que vous avez configuré votre plateforme d'analyse, l'étape suivante consiste à identifier les indicateurs de performance clés (KPI) qui comptent pour votre MVP. Les KPI sont des mesures spécifiques, mesurables et exploitables qui vous aideront à suivre les performances de votre produit par rapport à vos objectifs.

Certains KPI couramment utilisés pour les MVP No-Code sont :

- Acquisition d'utilisateurs (par exemple, inscriptions, téléchargements)
- Engagement des utilisateurs (par exemple, utilisateurs actifs quotidiens, durée de la session)
- Rétention (par exemple, taux de désabonnement, ratio d'utilisateurs actifs quotidiens et mensuels)
- Conversion (par exemple, achats, abonnements, références)
- Revenus (par exemple, revenu moyen par utilisateur, revenus mensuels récurrents)

Chaque MVP est différent, il est donc important d'identifier les KPI les plus pertinents par rapport à votre produit et à vos objectifs uniques. Une fois que vous avez déterminé sur quels KPI vous concentrer, configurez des événements de suivi spécifiques dans votre plateforme d'analyse, afin de pouvoir les mesurer avec précision et cohérence.

7.1.3 Analyser le comportement des utilisateurs et identifier les opportunités

Une fois vos analyses configurées et vos KPI définis, vous pouvez désormais surveiller les données utilisateur pour comprendre le comportement et les interactions de votre audience avec votre MVP No-Code. Gardez un œil attentif sur des indicateurs tels que :

- Quelles fonctionnalités sont les plus appréciées des utilisateurs ?
- Combien de temps les utilisateurs passent-ils sur des pages ou des sections spécifiques ?
- Quelle est la perte d'utilisateurs dans votre entonnoir de conversion ?

- Quels canaux d'acquisition sont les plus efficaces pour générer du trafic et de la croissance des utilisateurs ?

Utilisez les informations que vous collectez à partir de ces données pour identifier les goulots d'étranglement et les opportunités d'amélioration. Par exemple, si vous remarquez un taux d'abandon élevé sur votre page de paiement, il peut être intéressant d'explorer des moyens d'optimiser l'expérience de paiement (par exemple, réduire les frictions, proposer des méthodes de paiement alternatives, fournir plus d'informations sur les transactions sécurisées). Assurez-vous toujours de tester toutes les itérations que vous effectuez, car vous souhaitez poursuivre le chemin de l'amélioration et ne pas créer un impact négatif sur l'expérience utilisateur.

7.1.4 Exécution d'expériences et de tests A/B

Une fois que vous avez identifié les domaines qui nécessitent des améliorations, l'étape suivante consiste à tester vos hypothèses et à mesurer l'impact de vos changements. Les tests A/B, également appelés tests fractionnés, sont un moyen efficace de comparer deux ou plusieurs variantes d'un élément spécifique au sein de votre MVP No-Code (par exemple, titres, appels à l'action, pages de destination, etc.), afin de déterminer lequel la variation fonctionne mieux.

Voici un exemple simple de la façon dont vous pouvez configurer un test A/B dans un MVP No-Code :

1. **Identifiez l'objectif** : décidez de l'objectif commercial spécifique que vous souhaitez atteindre avec votre test. Par exemple, il peut s'agir d'une augmentation

des conversions d'inscription, d'une réduction du taux de désabonnement ou d'un engagement plus élevé.

2. **Concevez vos variantes** - Créez au moins deux versions différentes de l'élément que vous souhaitez tester (par exemple, une page de destination avec deux titres différents ou une page de tarification avec deux offres différentes).

3. **Divisez votre audience** - Divisez aléatoirement votre base d'utilisateurs en groupes égaux et montrez à chaque groupe une variante différente de l'élément testé.

4. **Mesurez les résultats** - Surveillez les performances de chaque variation par rapport à vos KPI et objectifs sur une période définie.

5. **Analysez et itérez** : utilisez les résultats de votre test A/B pour déterminer la variante gagnante qui a atteint votre objectif souhaité. Implémentez la version gagnante et continuez à tester et à itérer avec différentes variantes.

Il est important de noter que si les tests A/B peuvent être un outil puissant, ils peuvent également être gourmands en ressources, en particulier pour les projets MVP No-Code à durée et ressources limitées. Soyez conscient de la portée et de l'ampleur de vos expériences et donnez la priorité aux domaines dans lesquels vous attendez l'impact le plus significatif.

7.1.5 Mise à l'échelle et automatisation des améliorations basées sur les données

Alors que vous continuez à affiner et à optimiser votre MVP No-Code, envisagez d'explorer des outils avancés d'analyse de données et d'apprentissage automatique qui peuvent vous aider à obtenir des informations plus approfondies et à automatiser les améliorations. Par exemple, des outils tels que Google Analytics, Mixpanel et Amplitude offrent des fonctionnalités avancées, telles que l'analyse de cohorte, l'optimisation de l'entonnoir et l'analyse prédictive, qui peuvent vous aider à découvrir des modèles cachés et à prendre des décisions plus éclairées.

En conclusion, adopter une approche basée sur les données pour apporter des améliorations à votre MVP No-Code est crucial pour son succès. En mettant en place des analyses, en identifiant les KPI, en analysant le comportement des utilisateurs, en menant des expériences et en intensifiant vos efforts, vous pouvez affiner efficacement votre produit, stimuler l'engagement et la croissance des utilisateurs et, finalement, valider votre idée de startup. N'oubliez jamais d'itérer en fonction des données collectées, de tester en permanence et d'apprendre de vos réussites et de vos échecs.

Analyser le comportement des utilisateurs, les commentaires et les mesures pour stimuler la croissance

L'un des aspects clés de la création d'un MVP No-Code réussi est la capacité à apporter des améliorations basées sur les données, en affinant et en optimisant votre produit pour offrir la meilleure expérience possible à vos utilisateurs. Cela signifie aller au-delà de vos hypothèses initiales et analyser soigneusement les comportements, les commentaires et les mesures des utilisateurs pour améliorer continuellement votre produit. Dans cette section, nous discuterons de l'importance du suivi des utilisateurs, de l'analyse des données et de l'optimisation de votre expérience utilisateur, ainsi que de l'exploration de diverses méthodes et outils qui peuvent vous aider à collecter les données dont vous avez besoin pour prendre des décisions éclairées et itérer sur votre MVP. .

A. Suivi du comportement des utilisateurs

Comprendre le comportement de vos utilisateurs est crucial pour le succès de votre produit. Vous devrez apprendre comment les utilisateurs naviguent dans votre produit, quelles fonctionnalités ils utilisent le plus et à quels problèmes ils pourraient être confrontés. Le suivi du comportement des utilisateurs vous fournira non seulement des informations précieuses, mais vous aidera également à identifier les domaines spécifiques dans lesquels vous pouvez améliorer l'expérience globale.

1. Cartes thermiques

Les Heatmaps sont une représentation visuelle des interactions des utilisateurs sur votre site ou votre application. Ils illustrent où les utilisateurs cliquent, font défiler et passent le plus de temps. Ces informations peuvent être extrêmement utiles pour identifier les éléments problématiques de l'interface utilisateur, comprendre les flux de navigation et même découvrir de nouvelles opportunités de croissance.

Il existe plusieurs outils No-Code disponibles pour vous aider à générer des cartes thermiques, tels que Hotjar ou Crazy Egg. La mise en œuvre de ces outils est généralement aussi simple que d'ajouter un morceau de code à votre site Web ou de les connecter à votre application via leurs intégrations No-Code.

2. Enregistrements de sessions

Les enregistrements de session capturent et rejouent les sessions utilisateur individuelles sur votre site ou votre application, vous permettant de voir exactement ce qu'un utilisateur a fait lors de sa visite. Ce niveau de détail peut vous aider à identifier les points de friction, les problèmes d'utilisabilité ou les domaines dans lesquels les utilisateurs peuvent avoir des difficultés.

Des outils comme FullStory ou LogRocket fournissent des solutions No-Code pour mettre en œuvre facilement l'enregistrement de session. Les intégrer dans votre MVP vous donnera des informations inestimables que vous pourrez utiliser pour apporter des améliorations ciblées à votre produit.

3. Flux d'utilisateurs

Les flux d'utilisateurs représentent les chemins empruntés par les utilisateurs dans votre produit pour accomplir des tâches spécifiques. L'analyse de ces flux vous aide à comprendre comment les utilisateurs interagissent avec votre produit, en découvrant les domaines dans lesquels vous pouvez améliorer la navigation, rationaliser les processus ou améliorer la convivialité globale.

Des outils comme Google Analytics, Mixpanel ou Amplitude peuvent vous aider à mieux comprendre les flux d'utilisateurs sans nécessiter de code. En configurant votre produit avec ces outils, vous pouvez commencer à collecter des données sur les flux d'utilisateurs et les utiliser pour apporter des améliorations itératives.

B. Recueillir les commentaires des utilisateurs

Bien que le suivi du comportement des utilisateurs puisse fournir une multitude d'informations, il est également important de communiquer directement avec vos utilisateurs pour recueillir des commentaires sur leurs expériences. Ces commentaires peuvent vous aider à valider ou à remettre en question vos hypothèses initiales et à fournir une voie plus claire pour apporter des améliorations.

1. Enquêtes et questionnaires

Les enquêtes et les questionnaires constituent un excellent moyen de recueillir les commentaires des utilisateurs à grande échelle. En posant des questions structurées et ciblées, vous pouvez obtenir des informations précieuses sur la satisfaction des utilisateurs, l'utilisation des fonctionnalités, les problèmes, etc.

Les outils sans code tels que Typeform, Google Forms ou SurveyMonkey peuvent être facilement intégrés à votre MVP ou envoyés sous forme de formulaires autonomes pour recueillir les commentaires de vos utilisateurs.

2. Entretiens et sessions de tests utilisateurs

Mener des entretiens individuels avec des utilisateurs ou organiser des sessions de tests utilisateurs peut vous permettre de mieux comprendre les expériences des utilisateurs avec votre produit. Les conversations et les observations au cours de ces sessions peuvent aider à orienter le développement continu de votre produit et à révéler des opportunités d'amélioration.

Des services tels que UserTesting ou Lookback fournissent des solutions No-Code pour recruter des participants, configurer des environnements de test et enregistrer des sessions de tests utilisateur, rendant ainsi les informations de ces méthodes facilement accessibles.

C. Métriques et KPI

L'identification et le suivi des indicateurs de performance clés (KPI) de votre MVP sont essentiels pour prendre des décisions claires et basées sur des données. Ces mesures peuvent vous aider à comprendre la santé globale de votre produit, à définir des objectifs mesurables et à évaluer les progrès au fil du temps.

1. Métriques d'acquisition

Ces mesures se concentrent sur votre capacité à attirer, engager et inscrire de nouveaux utilisateurs. Certaines mesures d'acquisition clés incluent :

- Nombre de nouveaux utilisateurs
- Taux de conversion
- Taux de rebond
- Coût d'acquisition des utilisateurs

2. Métriques d'activation

Les mesures d'activation vous aident à comprendre avec quelle efficacité les utilisateurs adoptent votre MVP et bénéficient de sa proposition de valeur fondamentale. Certaines mesures d'activation courantes sont :

- Il est temps de passer à la première action clé
- Taux d'achèvement de l'intégration

- Nombre d'actions clés entreprises

3. Mesures de rétention

Les mesures de rétention mesurent la vitesse à laquelle les utilisateurs continuent d'utiliser votre produit après leur première expérience. Ces mesures fournissent un aperçu de la valeur à long terme apportée par votre MVP et peuvent aider à identifier les domaines à améliorer. Voici quelques exemples de mesures de rétention :

- Taux de désabonnement
- Utilisateurs actifs quotidiens/hebdomadaires/mensuels
- Taux de rétention dans le temps

4. Mesures de revenus

Si votre MVP génère des revenus ou si vous envisagez de le monétiser à l'avenir, les mesures de revenus vous aident à suivre l'impact monétaire de votre produit. Les mesures de revenus importantes incluent :

- Revenu moyen par utilisateur
- Valeur à vie d'un utilisateur (LTV)
- Revenu mensuel récurrent (MRR)

Conclusion

Apporter des améliorations basées sur les données est une étape cruciale pour affiner et optimiser votre MVP No-Code. En suivant le comportement des utilisateurs, en recueillant leurs commentaires et en surveillant les indicateurs clés, vous pouvez prendre des décisions éclairées et itérer sur votre produit, ce qui aboutira finalement à une offre plus réussie et plus précieuse pour vos utilisateurs. En tirant parti des différents outils et méthodes No-Code évoqués ci-dessus, vous serez bien équipé pour exploiter la puissance des données et stimuler la croissance de votre startup.

8. Élaborer votre stratégie de mise sur le marché : marketing, tarification et lancement

8.1 Élaborer votre stratégie de mise sur le marché : marketing, tarification et lancement

Une stratégie de mise sur le marché (GTM) est un élément essentiel pour réussir le lancement de votre MVP sans code. Il s'agit d'un plan complet qui décrit les étapes nécessaires pour promouvoir, tarifer et lancer efficacement votre produit ou service sur le marché. Dans cette section, nous aborderons les aspects clés à prendre en compte lors de l'élaboration de votre stratégie de commercialisation : le marketing, la tarification et le lancement de votre MVP.

8.1.1 Commercialiser votre MVP sans code

La commercialisation de votre MVP sans code est cruciale pour son succès, car elle crée une notoriété, génère l'intérêt des utilisateurs et favorise l'adoption. Voici les principales considérations pour commercialiser votre MVP sans vous ruiner :

1. Définissez votre public cible : Commencez par identifier vos clients idéaux ; qui sont-ils et quels sont leurs besoins, leurs préférences et leurs problèmes ? Vous pouvez utiliser des personas, la segmentation du marché ou d'autres techniques de profilage des clients pour affiner votre champ d'action.

2. Développez votre proposition de valeur : exprimez clairement les avantages uniques que votre MVP apporte à votre public cible. Cette déclaration doit mettre en évidence les caractéristiques essentielles et les différenciateurs de votre produit et expliquer pourquoi il résout leur problème mieux que toute autre alternative.

3. Créez votre message : développez les messages principaux que vous utiliserez dans vos campagnes marketing. Gardez un langage simple et concis, en vous concentrant sur les avantages et les résultats de l'utilisation de votre produit, tout en répondant aux préoccupations et aux intérêts de votre public cible.

4. Créez une présence en ligne de base : un site Web ou une page de destination minimaliste et propre peut faire une première impression significative sur les utilisateurs potentiels. Incluez des informations essentielles sur votre produit, votre proposition de valeur et un appel à l'action clair pour que les visiteurs s'inscrivent ou en apprennent davantage.

5. Tirez parti du marketing de contenu : créer du contenu utile et précieux pour votre public cible est un moyen puissant de générer de l'attraction. Rédigez des articles de blog, des livres blancs ou créez des vidéos et des webinaires pour informer votre public sur le problème que vous résolvez et les avantages de votre solution.

6. Participez au marketing sur les réseaux sociaux :
utilisez les canaux de réseaux sociaux appropriés pour
partager votre contenu et engager une conversation avec
votre public cible. Les réseaux sociaux peuvent être un
moyen efficace et rentable de promouvoir votre MVP et de
créer une communauté de premiers utilisateurs.

7. Réseautez et utilisez des partenariats : participez à des
événements et à des conférences pertinents, rejoignez des
communautés en ligne et collaborez avec des influenceurs
ou des entreprises complémentaires de votre secteur pour
étendre votre portée.

8.1.2 Tarification de votre MVP sans code

Déterminer le bon prix pour votre MVP peut être difficile,
mais les facteurs suivants peuvent servir de guide pour vous
aider à prendre des décisions :

1. Comprenez la volonté de payer de vos clients : menez
des enquêtes, des entretiens ou des groupes de discussion
avec votre public cible pour comprendre la valeur perçue de
votre produit et ses attentes en matière de prix.

2. Analysez les prix des concurrents : recherchez les
stratégies de prix de vos concurrents et comprenez où se
situe votre produit dans la comparaison du paysage du
marché. Ces connaissances peuvent vous aider à
positionner votre MVP à un prix compétitif.

3. Envisagez différents modèles de tarification : vous
avez le choix entre différents modèles de tarification, tels
que gratuit, achat unique, abonnement, hiérarchisé (en
fonction des fonctionnalités, des utilisateurs ou de
l'utilisation) ou freemium (gratuit avec des fonctionnalités
premium moyennant un prix). Sélectionnez le modèle qui

correspond le mieux aux préférences de vos clients et à vos objectifs commerciaux.

4. Commencez par un prix initial et soyez flexible : lors de la tarification de votre MVP, il est essentiel d'être ouvert aux ajustements en fonction des commentaires de vos clients et de la réponse du marché. Soyez prêt à réviser votre stratégie de tarification si nécessaire.

8.1.3 Lancement de votre MVP sans code

Une stratégie de lancement bien planifiée peut faire toute la différence pour le succès de votre MVP sans code. Gardez ces directives à l'esprit pour un lancement en douceur :

1. Fixez-vous des objectifs mesurables : établissez des objectifs quantifiables et limités dans le temps pour votre lancement. Par exemple, "Acquérir 100 utilisateurs bêta dans les deux semaines suivant le lancement" ou "Générer un taux de conversion de 10 % depuis l'essai gratuit vers les clients payants dans un délai d'un mois après le lancement".

2. Développez un plan de pré-lancement : créez du buzz autour de votre MVP avant le grand jour en entretenant votre réseau, en vous engageant auprès des communautés concernées et en lançant des campagnes teaser ou des offres de pré-lancement.

3. Mettez en œuvre un lancement en douceur : avant de rendre public, effectuez un lancement en douceur auprès d'un public plus restreint ou des tests bêta sur invitation uniquement. Cela vous aidera à recueillir de précieux commentaires, à résoudre tous les problèmes de dernière minute et à garantir le bon fonctionnement de votre produit lorsqu'il arrivera sur le marché.

4. Coordonnez une campagne marketing multicanal :
planifiez et exécutez une campagne marketing qui comprend
diverses tactiques telles que le courrier électronique, les
relations publiques, le marketing de contenu, la
sensibilisation des influenceurs ou même la publicité
payante pour amplifier votre lancement et atteindre un public
plus large.

5. Fournissez un excellent support client : améliorez
votre expérience et votre fidélisation des utilisateurs en
offrant un support client personnalisé et rapide, en traitant
les commentaires et en améliorant de manière itérative votre
produit en fonction des informations des utilisateurs.

Dans l'ensemble, l'élaboration d'une solide stratégie de mise
sur le marché joue un rôle essentiel pour garantir que votre
MVP sans code gagne du terrain et apporte de la valeur à
votre public cible. En suivant ces recommandations sur le
marketing, la tarification et le lancement de votre produit,
vous serez sur la bonne voie pour valider votre idée de
startup et vous rapprocher du succès.

Élaborer votre stratégie de mise sur le marché : marketing, tarification et lancement

Développer un MVP No-Code est un moyen efficace de
créer et de valider rapidement des idées de startup.
Cependant, même le produit le plus viable ne gagnera pas
du terrain sans une stratégie marketing, un modèle de
tarification et un plan de lancement appropriés. Dans cette
section, nous explorerons les éléments clés pour élaborer
une stratégie de commercialisation efficace pour votre MVP
No-Code.

Marketing : accroître la notoriété et stimuler l'engagement

L'objectif principal du marketing est de susciter l'intérêt pour votre produit et, finalement, de convertir cet intérêt en ventes ou en adoption par les utilisateurs. Pour votre MVP No-Code, il est crucial de développer un plan marketing qui cible votre public cible et communique clairement la proposition de valeur de votre produit.

1. **Définissez votre public cible** : commencez par identifier les segments de clientèle spécifiques qui bénéficieront le plus de votre produit. Créez des personnalités détaillées comprenant des informations démographiques, psychographiques et comportementales sur vos clients idéaux.
2. **Développer un message clé** : votre message doit se concentrer sur les aspects de résolution de problèmes de votre produit et articuler clairement sa proposition de valeur unique. Utilisez un langage simple pour vous assurer que votre public comprend l'objectif et les avantages de votre produit.
3. **Choisissez les bons canaux** : identifiez les plateformes sur lesquelles votre public cible est le plus actif et engagé, comme les médias sociaux, les forums industriels ou les listes de diffusion. Concentrez vos efforts marketing sur ces canaux pour atteindre plus efficacement les clients potentiels.
4. **Créez du contenu de valeur** : développez du matériel pédagogique, tel que des articles de blog, des vidéos et des webinaires, axé sur les problèmes de votre public cible et sur la manière dont votre produit peut les résoudre. Cette approche contribue non seulement à faire de votre marque une autorité dans votre secteur, mais génère également du trafic organique vers votre site Web.

5. **Tirer parti des partenariats** : recherchez des partenariats avec des influenceurs, des experts du secteur et des entreprises complémentaires dans votre niche pour augmenter la visibilité et la crédibilité de votre produit.
6. **Mesurez le succès** : suivez l'engagement, les conversions et l'efficacité globale de vos efforts marketing à l'aide d'outils d'analyse. Modifiez votre plan marketing si nécessaire pour maximiser votre retour sur investissement.

Tarification : trouver le juste milieu

La sélection du modèle de tarification approprié pour votre MVP No-Code est essentielle, car elle peut avoir un impact significatif sur l'adoption de votre produit. Voici quelques étapes pour vous aider à déterminer la meilleure stratégie de tarification :

1. **Réaliser des études de marché** : enquêter sur les modèles de tarification des concurrents, ainsi que sur les normes de l'industrie. Ces informations vous fourniront une base de référence et une meilleure compréhension des attentes de vos clients.
2. **Comprenez vos coûts** : calculez le coût total de développement et de maintenance de votre produit, y compris le développement, l'infrastructure et le support continu. Cela vous aidera à établir le prix minimum nécessaire pour couvrir ces dépenses et rester rentable.
3. **Optimiser pour la valeur** : le prix de votre produit doit refléter la valeur qu'il offre aux clients. Envisagez de mener des enquêtes ou des tests auprès des utilisateurs pour comprendre la valeur perçue de votre produit et comparez-la aux offres de vos concurrents.

4. **Testez différents modèles de tarification** :
   expérimentez différents modèles de tarification, tels
   que le freemium, l'abonnement ou le paiement
   unique, pour déterminer celui qui convient le mieux
   aux préférences de votre public cible et à vos
   objectifs commerciaux.
5. **Offrez des promotions** : attirez les premiers
   utilisateurs et générez du buzz autour de votre produit
   en proposant des promotions à durée limitée, telles
   que des remises ou un accès exclusif à des
   fonctionnalités premium pour les premiers abonnés.

Lancement : calendrier et exécution

Le succès de votre MVP No-Code peut être fortement
influencé par le timing et l'exécution du lancement de votre
produit. Voici quelques conseils pour un lancement réussi :

1. **Préparez le lancement** : avant d'annoncer votre
   produit, assurez-vous que votre MVP est stable,
   peaufiné et prêt à recevoir les commentaires des
   utilisateurs. Ayez également un plan en place pour
   résoudre tout problème technique potentiel pouvant
   survenir après le lancement.
2. **Choisissez le bon timing** : sélectionnez une date de
   lancement qui maximise l'attention de votre public
   cible et évite les conflits avec les événements
   majeurs de l'industrie ou les jours fériés.
3. **Créez de l'anticipation** : créez une campagne de
   pré-lancement pour générer de l'enthousiasme autour
   de votre produit. Partagez des teasers sur les
   réseaux sociaux, publiez du contenu précieux qui met
   en valeur les fonctionnalités de votre produit et
   encouragez votre public à s'inscrire pour un accès
   anticipé ou à rejoindre une liste d'attente.

4. **Tirez parti de votre réseau** : contactez votre réseau personnel et professionnel pour obtenir de l'aide lors du lancement. Encouragez-les à partager votre produit avec leurs propres réseaux, à rédiger des critiques ou à fournir des témoignages.
5. **Surveiller et ajuster** : après le lancement, suivez les commentaires des utilisateurs, leur engagement et tout problème technique pouvant survenir. Utilisez ces informations pour parcourir rapidement votre MVP No-Code et apporter des améliorations.

En conclusion, le succès de votre No-Code MVP dépend non seulement de la viabilité de votre idée de produit mais également de votre stratégie de mise sur le marché. Un plan marketing solide, un modèle de tarification approprié et un lancement bien exécuté augmenteront considérablement vos chances de succès et vous aideront à transformer votre MVP No-Code en une entreprise florissante.

8. Élaborer votre stratégie de mise sur le marché : marketing, tarification et lancement

Dans ce chapitre, nous approfondirons le domaine de l'élaboration d'une stratégie de commercialisation réussie pour votre MVP sans code. Ce faisant, nous explorerons les aspects clés suivants : commercialiser votre produit, le fixer avec précision et efficacité, et enfin, lancer votre MVP auprès du grand public.

8.1 Stratégie de commercialisation

Une stratégie marketing bien exécutée est essentielle pour faire connaître votre produit et attirer des clients potentiels. Tenez compte des tactiques suivantes lors de l'élaboration de votre plan marketing pour votre MVP sans code :

8.1.1 Établir une identité de marque

Avant de vous lancer dans votre parcours marketing, il est crucial d'établir une identité de marque forte. Votre identité de marque doit répondre aux questions suivantes :

- Qui es-tu?
- Quelle est votre mission?
- Qu'est-ce qui distingue votre produit de la concurrence ?

Une fois que vous avez répondu à ces questions, vous pouvez créer un logo, un ton et une palette de couleurs adaptés qui trouveront un écho auprès de votre public cible.

8.1.2 Identification des publics cibles

Pour optimiser vos efforts de marketing, identifiez et segmentez vos publics cibles en fonction de leurs caractéristiques communes telles que les données démographiques, les intérêts et les points faibles. Cela vous permettra d'envoyer des messages marketing sur mesure qui trouveront un écho profond auprès de différents groupes et favoriseront un lien plus profond avec votre marque.

8.1.3 Marketing de contenu

Le marketing de contenu est un moyen très efficace d'établir l'autorité de la marque, d'éduquer votre public cible et d'engager des clients potentiels. Utilisez divers formats tels que des articles de blog, des livres électroniques, des infographies, des podcasts et du contenu vidéo, et distribuez-les sur différents canaux tels que les réseaux sociaux, le marketing par e-mail et votre site Web.

8.1.4 Marketing sur les réseaux sociaux

Exploitez la puissance des plateformes de médias sociaux pour créer une notoriété de marque, recueillir des commentaires et interagir avec votre public. Concentrez-vous sur les plateformes sur lesquelles votre public cible est le plus actif et efforcez-vous de maintenir une présence cohérente de la marque avec un calendrier de contenu.

8.1.5 Développement communautaire

Construire une communauté autour de votre marque peut amplifier considérablement vos efforts marketing. Interagissez avec les utilisateurs sur les réseaux sociaux, participez à des forums pertinents et créez un espace permettant à votre public de se connecter, par exemple via des groupes Facebook ou Slack.

8.2 Stratégie de tarification

Définir la bonne stratégie de tarification pour votre MVP sans code peut avoir un impact significatif sur son succès. Tenez compte des facteurs suivants lors de l'élaboration de votre plan tarifaire :

8.2.1 Connaissez vos coûts

Avant de fixer un prix pour votre MVP, vous devez être pleinement conscient des coûts associés à la création et à la maintenance du produit. Les facteurs à prendre en compte incluent les coûts de production, les coûts d'infrastructure et toute autre dépense opérationnelle.

8.2.2 Réaliser une étude de marché

Recherchez le paysage concurrentiel pour mieux comprendre les normes de tarification du secteur. Recherchez les écarts de prix sur le marché que votre MVP peut combler tout en restant rentable.

8.2.3 Tester différents modèles de tarification

Expérimentez différents modèles de tarification pour déterminer celui qui convient le mieux à votre produit. Certaines stratégies de tarification courantes incluent :

- Free-mium : proposez gratuitement une version de base de votre produit avec la possibilité pour les utilisateurs de passer à une version premium et riche en fonctionnalités moyennant des frais.
- Basé sur un abonnement : facturez aux utilisateurs des frais récurrents pour accéder à votre produit, généralement sur une base mensuelle ou annuelle.
- Paiement à l'utilisation : facturez les utilisateurs en fonction de leur utilisation, une utilisation plus élevée entraînant une augmentation des frais.

8.3 Stratégie de lancement

Le lancement de votre MVP sans code est une étape cruciale qui nécessite une planification et une exécution minutieuses. Pour garantir un lancement réussi, tenez compte des conseils suivants :

8.3.1 Anticipation de construction

Générez de l'enthousiasme pour le lancement de votre produit en publiant une série de teasers, de démonstrations de produits et d'offres de pré-lancement. Créez une liste de diffusion de prospects intéressés et tenez-les informés du développement du produit, des fonctionnalités à venir et de la date de lancement officielle.

8.3.2 Organiser un événement de lancement

L'organisation d'un événement de lancement peut vous fournir une visibilité et une validation précieuses pour votre MVP sans code. Vous pouvez organiser un événement virtuel sur les réseaux sociaux, un webinaire ou collaborer avec des influenceurs du secteur pour promouvoir largement votre MVP.

8.3.3 Itérer et améliorer

Aucun produit n'est parfait au lancement. Encouragez les commentaires des utilisateurs et mettez à jour et affinez continuellement votre produit en fonction des informations recueillies. Les avis des utilisateurs et les témoignages de réussite peuvent constituer un contenu marketing puissant pour les futures campagnes.

En conclusion, une stratégie de commercialisation bien conçue qui intègre des techniques de marketing, de tarification et de lancement peut maximiser le succès de votre MVP sans code. En adaptant votre message à votre public cible, en sélectionnant une stratégie de tarification adaptée et en lançant votre produit en beauté, vous ouvrez la voie à la croissance réussie de votre startup sans code.

8. Élaborer votre stratégie de mise sur le marché : marketing, tarification et lancement

L'un des déterminants les plus importants du succès de votre startup est votre stratégie de mise sur le marché (GTM). Une stratégie GTM décrit la manière dont votre produit atteindra et engagera vos clients cibles, ce qui influencera directement vos résultats. Cela nécessite de comprendre votre public cible, de déterminer des canaux de marketing efficaces, des stratégies de tarification et un plan de lancement percutant pour valider et faire évoluer votre MVP No-Code.

8.1 Déterminez votre public cible

Votre public cible est le groupe de clients que votre MVP vise à servir. Ce sont les personnes qui bénéficieront le plus de votre produit et qui seraient prêtes à payer pour cela. Il est essentiel de comprendre votre public, une tâche qui peut être décomposée en deux parties :

1. **Données démographiques** : le profil démographique de votre public cible comprend des caractéristiques telles que l'âge, le sexe, la profession, les niveaux de revenus et l'emplacement. Vous pouvez utiliser ces signaux pour développer votre stratégie marketing et rendre votre message plus pertinent pour des segments de clientèle spécifiques.
2. **Psychographiques** : cela fait référence aux attitudes, croyances, préférences et motivations de votre public cible. Comprendre la psychographie vous aide à mieux vous connecter avec votre public, à adapter votre message marketing et à concevoir des fonctionnalités qui trouvent un écho auprès des clients potentiels.

Posez-vous ces questions clés pour définir votre public cible :

- Quelles sont les personnes confrontées au problème que notre MVP résout ?
- Quels sont leurs besoins, préférences et comportements ?
- Comment bénéficieraient-ils de notre produit ou service ?

8.2 Sélectionnez vos canaux de marketing

Une fois que vous avez une compréhension claire de votre public cible, il est temps d'identifier les meilleurs canaux marketing pour l'atteindre. Ceux-ci peuvent inclure :

- **Marketing de contenu** : publication d'articles de blog, d'articles et d'autres contenus qui mettent en valeur votre produit et mettent en valeur votre expertise dans le domaine. Cela contribue à renforcer la confiance, à engager votre public et à attirer du trafic de recherche organique au fil du temps.
- **Marketing par e-mail** : rédigez des newsletters ou des mises à jour régulières pour vous connecter avec des clients potentiels et existants. Offrez des informations précieuses, des mises à jour sur les fonctionnalités du produit ou des promotions exclusives pour maintenir l'engagement de votre public avec votre marque.
- **Marketing sur les réseaux sociaux** : utilisez diverses plateformes de médias sociaux comme Facebook, LinkedIn et Twitter pour mettre en valeur la personnalité de votre marque, stimuler l'engagement et créer du buzz autour de votre MVP.
- **Sensibilisation des influenceurs/RP** : collaborez avec des influenceurs, des blogueurs et des médias pour la promotion, les critiques et les approbations de

produits. Il s'agit d'un moyen rentable d'accroître la notoriété et la crédibilité de votre marque.

- **Publicité payante** : utilisez des publicités ciblées sur les moteurs de recherche (comme Google Ads) ou les plateformes de réseaux sociaux (comme Facebook, Twitter ou LinkedIn) pour atteindre plus rapidement vos clients cibles.

8.3 Établissez votre stratégie de tarification

Le prix est un facteur crucial pour attirer et fidéliser les clients. Une stratégie de tarification bien définie garantit que votre public cible perçoit la valeur de votre offre et est prêt à payer pour cela. Vous pouvez envisager des modèles de tarification tels que :

- **Freemium** : Donnez accès gratuitement à une version de base de votre produit tout en proposant des forfaits payants avec des fonctionnalités supplémentaires. Cela peut aider à acquérir et à engager une large base d'utilisateurs et à générer des conversions vers des forfaits payants au fil du temps.
- **Abonnement** : facturez des frais récurrents pour accéder à votre produit ou service. Cela permet aux utilisateurs de payer pour une utilisation continue et contribue à créer une source de revenus prévisible pour votre entreprise.
- **Paiement à l'utilisation** : facturez les utilisateurs en fonction de leur utilisation réelle du produit. Cela peut le rendre plus attrayant pour les clients potentiels qui ne souhaitent pas d'engagements à long terme ni de frais initiaux.

Lorsque vous sélectionnez le bon modèle de tarification pour votre MVP, tenez compte du paysage concurrentiel, de la volonté de payer de votre public cible et de vos coûts opérationnels.

8.4 Lancez votre MVP sans code

Maintenant que vous avez mis en place votre public cible, vos stratégies de marketing et de tarification, il est temps de lancer votre MVP. L'objectif ici est de valider vos hypothèses, d'acquérir les premiers clients et de recueillir les premiers retours des utilisateurs. Pour garantir un lancement réussi, gardez les points suivants à l'esprit :

1. **Planifiez à l'avance** : établissez un calendrier de lancement qui comprend les activités marketing préalables au lancement, les objectifs de traction et ce que vous souhaitez apprendre des premiers commentaires des utilisateurs.
2. **Activités de pré-lancement** : partagez des aperçus, des teasers ou des invitations bêta pour générer un battage médiatique autour de votre produit. Connectez-vous avec des influenceurs, des blogueurs ou des contacts médiatiques pour obtenir une couverture médiatique lors du lancement.
3. **Optimisez votre site Web** : assurez-vous que votre site Web comporte des messages clairs, des appels à l'action et un processus d'intégration simple pour aider les nouveaux utilisateurs à comprendre rapidement votre proposition de valeur.
4. **Suivez les métriques** : surveillez les indicateurs de performance clés (KPI) pour votre MVP après le lancement, y compris les taux d'acquisition d'utilisateurs, les taux de conversion, la fidélisation et les commentaires des utilisateurs. Ces informations vous aideront à améliorer votre produit, votre

stratégie marketing et à éclairer vos prochaines étapes.

N'oubliez pas que le lancement de votre MVP n'est que le point de départ. L'amélioration continue basée sur les commentaires des utilisateurs et l'optimisation basée sur les données maintiendront votre produit compétitif et maximiseront son potentiel de succès à long terme.

8.1 Élaborer votre stratégie de mise sur le marché : marketing, tarification et lancement

Une fois que votre MVP (Minimum Viable Product) No-Code est prêt, il est temps de le présenter sur le marché. L'élaboration d'une stratégie de mise sur le marché (GTM) efficace comprend le marketing, la tarification et le lancement de votre produit. Dans cette section, nous aborderons divers aspects de chacun de ces éléments critiques, qui vous aideront non seulement à atteindre davantage de clients potentiels, mais également à maximiser vos chances de succès de votre lancement.

8.1.1 Élaboration de la stratégie marketing

Développer une stratégie marketing complète est essentiel lors du lancement de votre MVP. Pour commencer, vous souhaiterez considérer les domaines suivants :

1. **Marché cible et personnalités** : La première étape consiste à identifier votre marché cible et à créer des personnalités d'acheteur. Connaître votre public cible vous aidera à adapter votre message et à sélectionner les canaux marketing les plus pertinents.

Créez des personnalités d'acheteur détaillées, qui incluent des données démographiques, des modèles de comportement et des objectifs.

2. **Analyse concurrentielle** : Analysez vos concurrents et identifiez leurs forces et leurs faiblesses. Ces informations vous aideront à comprendre les propositions de vente uniques (USP) de votre produit. Cela vous permettra également de communiquer efficacement ces USP à votre public cible.

3. **Canaux de marketing** : l'identification des canaux de marketing appropriés est cruciale. Pensez à utiliser des canaux organiques (SEO, marketing de contenu, médias sociaux) et payants (Google Ads, Facebook Ads) ou tout autre canal pertinent pour votre public cible.

4. **Messagerie et positionnement** : créez un message unique qui distingue votre produit de vos concurrents. Votre message doit être clair, concis et répondre directement aux besoins de votre public cible. Concentrez-vous également sur la mise en valeur des USP de votre produit.

5. **Budget et calendrier** : déterminez le budget requis pour vos initiatives marketing et élaborez un calendrier qui décrit la séquence des tâches et des jalons.

8.1.2 Définir la bonne stratégie de tarification

Fixer le bon prix pour votre produit est essentiel à son succès sur le marché. Il existe six stratégies de base que vous pouvez utiliser pour fixer le prix de votre produit :

1. **Tarification à prix coûtant** : calculez les coûts totaux de création de votre produit et ajoutez un pourcentage de majoration pour tenir compte du profit.

2. **Prix compétitifs** : fixez votre prix en fonction des prix de vos concurrents.
3. **Tarification basée sur la valeur** : déterminez le prix en fonction de la valeur que votre produit ajoute à vos clients.
4. **Tarification Freemium** : proposez gratuitement une version de base du produit, avec des fonctionnalités supplémentaires disponibles moyennant des frais.
5. **Tarification échelonnée ou variable** : proposez différents niveaux de tarification avec des fonctionnalités et des capacités variables.
6. **Prix de pénétration** : Présentez le produit à un prix bas pour attirer les clients dans un premier temps, puis augmentez le prix au fil du temps.

Pensez à utiliser une combinaison de ces stratégies pour fixer un prix attractif mais rentable pour votre MVP.

8.1.3 Activités préalables au lancement

Avant de lancer votre MVP, vous devez entreprendre plusieurs activités préalables au lancement :

1. **Création d'une liste de pré-lancement** : créez une page de destination pour collecter des adresses e-mail et créer une liste de clients potentiels intéressés par votre produit.
2. **Relations publiques (RP)** : contactez les médias, les influenceurs et les blogueurs concernés pour obtenir une couverture ou des mentions de votre produit.
3. **Marketing de contenu** : créez du contenu de valeur (articles de blog, ebooks, webinaires, etc.) ciblant votre public cible et répondant à ses besoins ou défis.
4. **Médias sociaux** : engagez votre public cible sur les plateformes de médias sociaux pertinentes grâce à la

publication cohérente, à l'engagement et au partage
de contenu.

5. **Marketing par e-mail** : envoyez des e-mails
   personnalisés à votre liste de pré-lancement pour
   fournir des mises à jour, partager du contenu et créer
   de l'enthousiasme pour le lancement de votre
   prochain produit.

8.1.4 Lancement de votre MVP

Une fois que vous avez terminé vos activités de pré-
lancement, il est temps de lancer votre MVP :

1. **Soft Launch** : Un soft launch vous permet de tester
   votre produit auprès d'un petit groupe de clients avant
   le lancement officiel. Il vous aide à identifier tout
   problème, à recueillir des commentaires et à apporter
   des améliorations à votre MVP en fonction de
   scénarios réels.
2. **Lancement public** : après avoir répondu aux
   commentaires reçus lors du lancement progressif,
   vous pouvez procéder au lancement public. Assurez-
   vous d'avoir mis à jour vos supports marketing, votre
   site Web et votre page de destination avec les
   dernières informations.
3. **Sensibilisation et promotion** : exécutez votre
   stratégie marketing en vous engageant dans des
   actions de sensibilisation et en faisant la promotion de
   votre produit sur les canaux marketing de votre choix.
4. **Suivez et mesurez** : surveillez les performances de
   votre MVP à l'aide d'indicateurs de performance clés
   (KPI) tels que les téléchargements, les inscriptions,
   l'engagement et les revenus.
5. **Itérer et optimiser** : analysez les résultats, recueillez
   les commentaires des clients et ajustez en
   permanence votre stratégie marketing, les

fonctionnalités de vos produits et vos prix pour optimiser les performances de votre MVP.

En conclusion, l'élaboration d'une stratégie GTM complète qui englobe le marketing, la tarification et des tactiques de lancement efficaces garantira non seulement un lancement réussi, mais maximisera également le potentiel de votre MVP No-Code. Prendre le temps de rechercher votre marché cible, de concevoir la campagne promotionnelle appropriée et de mettre en œuvre une stratégie efficace mettra votre produit sur la voie du succès.

9. Faites évoluer votre startup sans code : stratégies de croissance et techniques avancées

9.2 Techniques avancées en No-Code pour faire évoluer votre startup

Une fois que vous avez construit et validé avec succès votre idée à l'aide d'un produit minimum viable (MVP) sans code, l'étape suivante consiste à faire évoluer votre startup. La mise à l'échelle signifie accroître votre base d'utilisateurs, augmenter vos revenus et optimiser vos opérations. Avec des outils sans code à votre disposition, vous pouvez exécuter avec succès des stratégies de croissance et des techniques avancées sans écrire une seule ligne de code.

9.2.1 Automatisez vos opérations

L'automatisation peut aider à réduire les efforts manuels et à rationaliser vos opérations. De nombreux outils sans code proposent des intégrations et des options d'automatisation qui vous aident à connecter différents aspects de votre entreprise, les rendant ainsi plus efficaces.

Zapier

Zapier est une plateforme d'automatisation sans code. Il permet aux entreprises d'intégrer plusieurs applications et d'automatiser leurs flux de travail. Avec une bibliothèque de plus de 2 000 applications, dont des services populaires comme Slack, Trello et Gmail, Zapier facilite la création d'automatisations personnalisées sans avoir besoin d'aucune connaissance en programmation.

Au lieu de consacrer du temps à des tâches répétitives, telles que la saisie manuelle d'informations dans des feuilles de calcul ou l'envoi d'e-mails, vous pouvez configurer un « Zap » pour faire le travail automatiquement à votre place.

Intégrateur

Integromat est une autre plateforme d'automatisation sans code qui vous aide à automatiser vos flux de travail. C'est similaire à Zapier, mais il offre un moyen plus visuel de créer des intégrations complexes avec une large gamme d'applications et de services. Integromat fournit également des fonctionnalités plus avancées, telles que la gestion des erreurs et des fonctions logiques personnalisées qui peuvent être ajoutées à votre flux de travail.

9.2.2 Augmentez vos revenus grâce à l'analyse sans code et à l'optimisation du taux de conversion

Libérer la puissance des données est essentiel pour faire évoluer votre startup. Grâce aux outils d'analyse sans code et d'optimisation du taux de conversion, vous pouvez prendre des décisions basées sur les données sans avoir besoin d'une expertise technique.

Google Analytics

Google Analytics est un outil d'analyse sans code populaire qui vous aide à mieux comprendre le trafic de votre site Web et le comportement de votre audience. Il vous permet d'analyser les données et d'apporter des améliorations à votre site Web, ce qui peut entraîner des taux de conversion plus élevés et une augmentation des revenus.

Hotjar

Hotjar est un outil sans code qui vous aide à comprendre le comportement des utilisateurs sur votre site Web. À l'aide de cartes thermiques, d'enregistrements de visiteurs et d'entonnoirs de conversion, Hotjar fournit des informations qui peuvent vous aider à optimiser votre site et à augmenter vos revenus.

De manière optimale

Optimizely est une plateforme sans code permettant d'effectuer des tests A/B et de personnaliser votre site Web afin d'améliorer l'expérience utilisateur et les taux de conversion. Il offre une interface facile à utiliser pour créer des expériences, analyser les résultats et mettre en œuvre des modifications basées sur les données sur votre site Web.

9.2.3 Rationaliser et faire évoluer l'intégration et le support client

La mise à l'échelle signifie également disposer de l'infrastructure et des processus nécessaires pour gérer un nombre croissant de clients. Les outils sans code peuvent vous aider à automatiser, rationaliser et faire évoluer l'intégration et l'assistance des clients.

Interphone

Intercom est une plateforme sans code pour gérer les communications clients. Il offre une suite d'outils pour le support client, la messagerie et l'engagement, vous permettant de gérer de manière proactive et efficace votre base d'utilisateurs croissante.

Forme de caractères

Typeform est un outil sans code permettant de créer des formulaires et des enquêtes conversationnels attrayants. Il vous permet de créer de superbes formulaires optimisés pour les mobiles qui peuvent être utilisés pour les commentaires des clients, la génération de leads, etc.

AideScout

HelpScout est un service d'assistance et une plateforme de support client sans code. Il fournit une boîte de réception partagée permettant à votre équipe de gérer et de suivre les requêtes entrantes des clients, offrant une assistance rapide et personnalisée.

9.2.4 Outils et stratégies pour faire évoluer l'acquisition d'utilisateurs

Développer votre base d'utilisateurs est primordial pour faire évoluer votre startup. Grâce aux outils et stratégies d'acquisition d'utilisateurs sans code, vous pouvez attirer davantage d'utilisateurs vers votre produit tout en maintenant les coûts d'acquisition à un faible niveau.

MailChimp

Mailchimp est une plateforme de marketing par e-mail sans code. Il vous permet de créer des campagnes par e-mail personnalisées et ciblées, qui peuvent aider à attirer davantage d'utilisateurs vers votre startup.

Tampon/Pablo

Buffer est une plateforme de gestion de réseaux sociaux sans code qui vous aide à planifier, publier et analyser votre contenu sur les réseaux sociaux. Pablo by Buffer est un outil de conception graphique sans code permettant de créer rapidement des images attrayantes pour les réseaux sociaux.

Rebondir

Unbounce est un générateur de pages de destination sans code qui vous permet de créer des pages de destination à fort taux de conversion pour vos campagnes marketing, générant ainsi plus d'inscriptions et d'utilisateurs.

9.2.5 Continuer à expérimenter et à itérer

Enfin, faire évoluer votre startup est un processus continu pour lequel l'itération est essentielle. Expérimenter continuellement de nouvelles stratégies de croissance tout en utilisant des outils sans code pour tester, analyser et optimiser vous aidera à garder une longueur d'avance sur la concurrence et à maintenir la croissance de votre startup.

L'exploitation de techniques et d'outils avancés sans code vous permet de faire évoluer efficacement votre startup grâce à des stratégies d'automatisation, d'analyse, d'optimisation du taux de conversion et d'acquisition d'utilisateurs. Continuez à itérer et à expérimenter pour trouver la meilleure combinaison d'outils et de tactiques adaptées à vos besoins et objectifs spécifiques, garantissant ainsi la croissance et le succès de votre startup.

9.1 Utilisation d'outils et d'intégrations avancés sans code pour la croissance

Une fois que vous avez atteint un certain niveau de traction et d'adéquation produit-marché avec votre MVP sans code, il est temps de vous concentrer sur le développement de votre startup. Les plates-formes et outils sans code permettent aux propriétaires d'entreprise de mettre en œuvre des stratégies de croissance et des techniques avancées sans avoir besoin de s'appuyer sur une équipe technique, ce qui rend la mise à l'échelle plus efficace et plus rentable. Dans cette section, nous examinerons en détail la façon dont vous pouvez exploiter de puissants outils sans code pour faire évoluer votre startup.

9.1.1 Automatisez vos flux de travail

L'automatisation est la clé pour faire évoluer efficacement une entreprise. À mesure que votre startup se développe, il devient de plus en plus difficile de tout gérer et de tout suivre manuellement. Les outils sans code tels que Zapier, Integromat et N8n vous permettent d'automatiser vos flux de travail et d'éliminer les tâches de routine, ce qui vous fait gagner, à vous et à votre équipe, des heures précieuses pour vous concentrer sur des tâches plus importantes.

Pour commencer à automatiser votre startup, identifiez vos procédures et tâches les plus chronophages, telles que l'intégration de nouveaux clients, l'envoi d'e-mails de suivi, la gestion des publications sur les réseaux sociaux et le suivi des prospects. Utilisez des outils d'automatisation pour créer des flux de travail personnalisés qui rationalisent ces tâches avec des critères prédéfinis.

9.1.2 Analyses et engagement des utilisateurs

Les outils d'analyse avancée et d'engagement des utilisateurs sont essentiels pour comprendre le comportement des utilisateurs, identifier les domaines à améliorer et suivre la croissance de votre startup. Des outils tels que Google Analytics, Mixpanel et Hotjar fournissent des informations essentielles sur vos utilisateurs, vous permettant de prendre des décisions basées sur les données pour peaufiner et affiner votre produit ou service.

De plus, utilisez des outils d'analyse sans code pour définir des objectifs de conversion personnalisés, surveiller les canaux d'acquisition d'utilisateurs et optimiser vos entonnoirs de marketing et de vente. De cette façon, vous pouvez suivre avec précision votre croissance et prendre des décisions éclairées sur la manière d'allouer votre temps et vos ressources pour maximiser le retour sur investissement.

9.1.3 Personnalisez et optimisez vos stratégies marketing

Avec des outils sans code, vous pouvez facilement créer et tester diverses stratégies et campagnes marketing, mesurer leur impact sur votre croissance et les optimiser pour de meilleures conversions. Utilisez des plateformes telles que MailChimp, ConvertKit et HubSpot pour créer des séquences d'automatisation de courrier électronique, effectuer des tests A/B et personnaliser vos interactions avec les utilisateurs.

En outre, envisagez de tirer parti des outils de gestion des médias sociaux tels que Buffer, Hootsuite et SocialBee pour planifier et maintenir une présence en ligne cohérente sur toutes les plateformes. Ces outils peuvent également vous aider à gérer et analyser vos données sur les réseaux sociaux, vous permettant d'adapter votre message et votre contenu aux préférences de votre public.

9.1.4 Exploiter le pouvoir du développement communautaire

Une communauté engagée et fidèle peut grandement contribuer à la croissance d'une startup. Construire une communauté passionnée autour de votre produit ou service contribue à la fidélisation des utilisateurs, étend votre portée et fournit des informations précieuses sur les besoins, les préférences et les problèmes des utilisateurs.

Tirez parti d'outils tels que Circle, Tribe ou Discord pour créer une plate-forme communautaire sans code où vos clients peuvent interagir entre eux et avec votre équipe. Participez à des discussions significatives, sollicitez des commentaires précieux et offrez des avantages exclusifs aux membres pour favoriser la fidélité de la communauté.

9.1.5 Intégrer l'IA et l'apprentissage automatique

Les technologies avancées comme l'intelligence artificielle et l'apprentissage automatique peuvent changer la donne pour la croissance de votre startup. Les outils sans code comme AlwaysAI, Open.AI ou DataRobot peuvent ajouter de puissantes fonctionnalités d'IA à votre produit ou service sans avoir besoin d'experts dédiés dans votre équipe.

Par exemple, vous pouvez utiliser des chatbots IA pour améliorer le support client, créer des expériences personnalisées avec l'apprentissage automatique ou automatiser la création de contenu à l'aide d'outils de traitement du langage naturel. Exploitez le potentiel de ces technologies avancées avec des plateformes sans code pour garder une longueur d'avance sur la concurrence.

9.1.6 Itérer et améliorer continuellement votre produit

À mesure que votre startup évolue, itérez et améliorez continuellement votre produit en fonction des commentaires des utilisateurs et des informations sur les données. Utilisez des outils avancés sans code tels que SurveySparrow, Typeform ou Bravo Studio pour recueillir les commentaires des utilisateurs, mener des enquêtes et prototyper de nouvelles fonctionnalités. Avec les solutions sans code, vous pouvez publier rapidement de nouvelles itérations, réduire le temps de développement et rester agile pour répondre aux besoins et préférences de vos clients.

9.1.7 Résumé

Faire évoluer votre startup sans code signifie tirer parti d'outils, de technologies et d'intégrations avancés pour optimiser l'efficacité et stimuler la croissance. Expérimentez continuellement de nouvelles stratégies, affinez les processus et adoptez une mentalité axée sur les données. Utilisez la puissance des plateformes sans code pour rester agile, adaptable et réactif aux demandes des clients et du marché, favorisant ainsi le succès global de votre startup.

En exploitant les capacités des outils sans code pour l'automatisation, l'analyse, le marketing, la création de communauté, l'intégration de l'IA et l'itération rapide des produits, vous pouvez faire évoluer efficacement votre startup, créer un avantage concurrentiel durable et transformer votre MVP en une entreprise florissante.

Automatisation des processus pour l'évolutivité

À mesure que votre startup commence à se développer, les processus manuels qui semblaient gérables au début peuvent rapidement devenir chronophages et entraver votre capacité à évoluer efficacement. Identifier ces processus et trouver des moyens de les automatiser sans code peut vous faire gagner du temps et des ressources, vous aidant ainsi à croître encore plus rapidement.

Dans cette section, nous explorerons quelques outils d'automatisation sans code populaires et comment ils peuvent aider à améliorer les processus au sein de votre startup.

Zapier : automatisation du flux de travail

Zapier est l'un des outils d'automatisation sans code les plus populaires disponibles. Il connecte des milliers d'applications et automatise les flux de travail entre elles, vous évitant ainsi le temps et les tracas liés à la saisie et aux mises à jour manuelles des données.

En créant ce que Zapier appelle « Zaps », vous pouvez automatiser diverses tâches basées sur des déclencheurs et des actions entre les applications prises en charge. Par exemple, vous pouvez créer un Zap qui se déclenche lorsqu'une personne remplit un formulaire sur votre site Web, puis ajoute automatiquement ses informations à votre logiciel CRM ou de marketing par e-mail.

Voici quelques cas d'utilisation potentiels pour automatiser les processus avec Zapier :

- Créez automatiquement une nouvelle carte Trello, une tâche Asana ou un élément du tableau Monday.com lorsqu'une nouvelle demande de fonctionnalité ou un rapport de bug est soumis
- Déplacez les tâches terminées vers un logiciel de gestion de projet, des dossiers ou des étapes pertinents une fois terminées.
- Synchronisez les contacts et les données clients de votre CRM vers votre logiciel d'email marketing ou inversement, de votre logiciel d'email marketing vers votre CRM
- Recevez des notifications dans Slack lorsque des événements critiques se produisent, tels que l'inscription de nouveaux utilisateurs, la vente de produits ou l'envoi de formulaires importants sur un site Web.
- Automatisez la planification des réseaux sociaux en connectant des outils comme Buffer ou Hootsuite à votre calendrier de contenu

Integromat : Générateur d'automatisation visuelle

Integromat est un autre outil d'automatisation sans code qui propose un constructeur visuel pour créer des flux de travail d'automatisation. Comme Zapier, Integromat connecte diverses applications et services pour automatiser les tâches, mais avec une flexibilité supplémentaire en termes de manipulation des données et de flux de travail en plusieurs étapes.

Avec l'interface glisser-déposer d'Integromat, vous pouvez visualiser visuellement la manière dont les données sont transférées et transformées entre différentes applications. Bien que cela puisse être plus avancé que Zapier, il offre un meilleur contrôle sur vos flux de travail et peut gérer des cas d'utilisation d'automatisation plus sophistiqués.

Integromat peut vous aider à automatiser des processus tels que :

- Transformations de données complexes et calculs entre applications (par exemple, calculer la valeur à vie d'un client avant de le synchroniser avec votre CRM)
- Créer une séquence d'intégration automatisée pour les nouveaux utilisateurs, y compris des tâches telles que l'envoi d'un e-mail de bienvenue, leur ajout à une séquence d'e-mails pertinente et la désignation d'un membre de l'équipe pour effectuer un suivi personnel auprès d'eux.
- Suivi et analyse des événements du site Web, tels que les visites des utilisateurs, les clics sur des boutons ou les achats, pour optimiser l'expérience utilisateur et augmenter les conversions

Outils pour automatiser le support client

Le support client prend souvent du temps et demande beaucoup de travail, et à mesure que votre startup se développe, fournir un support réactif et efficace peut s'avérer de plus en plus difficile. Cependant, il existe plusieurs outils sans code qui peuvent vous aider à rationaliser vos services d'assistance :

- **Intercom** : Intercom est une plateforme de communication client qui offre une gamme de fonctionnalités conçues pour faciliter un meilleur engagement et un meilleur support client. L'une de ces fonctionnalités est Operator , un chatbot alimenté par l'IA qui peut répondre automatiquement aux questions courantes des clients, planifier des réunions ou acheminer les conversations vers les membres appropriés de l'équipe.
- **ManyChat** : ManyChat vous permet de créer des chatbots Facebook Messenger pour automatiser le support client, les ventes et le marketing. En mettant en place des flux de travail automatisés, vous pouvez répondre aux questions fréquemment posées, collecter des prospects ou même effectuer des procédures d'achat directement dans Messenger.
- **HelpDocs** : HelpDocs est une plate-forme de base de connaissances qui permet de créer et d'organiser rapidement et facilement des articles d'aide pour vos utilisateurs. Une base de connaissances bien organisée permet à vos clients de trouver des réponses à leurs questions de manière indépendante, réduisant ainsi le volume de tickets d'assistance et faisant gagner du temps à votre équipe.

Conclusion

À mesure que votre startup évolue, le besoin d'automatisation augmente. Adopter le mouvement sans code et intégrer des outils d'automatisation et des stratégies de croissance sans code dans votre entreprise vous permet non seulement de rationaliser les processus pour plus d'efficacité, mais libère également du temps pour vous et votre équipe pour vous concentrer sur de nouvelles idées et améliorations.

L'automatisation sans code vous permet de développer et de faire évoluer votre startup sans sacrifier la qualité ni contracter de dette technique supplémentaire. Tout en poursuivant ce voyage, restez curieux des nouveaux outils, technologies et techniques qui rendent la mise à l'échelle plus accessible, plus efficace et plus rentable.

9.1 Tirer parti des outils sans code pour les stratégies de croissance

Développer votre startup nécessite non seulement de faire évoluer votre base d'utilisateurs, mais également d'augmenter la satisfaction, la fidélisation et les revenus des clients. La bonne nouvelle est que les outils sans code peuvent vous aider à exécuter des stratégies de croissance et des techniques avancées sans embaucher une équipe de développement plus importante ni passer des mois à apprendre à coder. Dans cette section, nous présenterons plusieurs stratégies pour vous aider à développer votre startup et explorerons comment les outils sans code peuvent être exploités pour les mettre en œuvre efficacement.

1. Optimisez votre expérience d'intégration

Votre expérience d'intégration est cruciale pour convertir les nouveaux utilisateurs en clients engagés. Un processus d'intégration fluide peut réduire le taux de désabonnement et améliorer la fidélisation des utilisateurs. Les outils sans code peuvent vous aider à créer un flux d'intégration rationalisé qui guide les utilisateurs à travers les fonctionnalités de votre produit et les encourage à agir.

- **Tutoriel et procédures pas à pas :** des outils sans code comme UserGuiding et Usetiful vous permettent de créer des didacticiels et des procédures pas à pas interactifs sans aucun codage. Vous pouvez montrer aux utilisateurs exactement comment utiliser votre produit et les informer sur ses fonctionnalités uniques.
- **Commentaires des utilisateurs :** recueillir les commentaires des utilisateurs pendant le processus d'intégration peut vous aider à améliorer votre produit et à résoudre les problèmes des utilisateurs. Les outils sans code comme Hotjar et UserVoice vous permettent de collecter et d'analyser les commentaires des utilisateurs, afin que vous puissiez prendre des décisions basées sur les données pour optimiser votre expérience d'intégration.

2. Augmenter l'engagement des utilisateurs

Investir dans des stratégies d'engagement des utilisateurs peut contribuer à augmenter l'utilisation de votre produit et permettre aux utilisateurs de trouver plus de valeur dans votre offre au fil du temps. Tirez parti des outils sans code pour créer des systèmes de gamification, des expériences utilisateur personnalisées ou des campagnes de notification pour réengager les utilisateurs.

- **Gamification** : inciter les utilisateurs à entreprendre les actions souhaitées ou les récompenser pour leurs réalisations peut contribuer à accroître l'engagement des utilisateurs. Des outils sans code comme Gleam ou SailPlay peuvent vous aider à créer des systèmes de gamification, tels que des systèmes de points, des badges et des classements, sans aucun codage.
- **Expériences utilisateur personnalisées** : adapter le contenu de votre produit en fonction des préférences et du comportement de vos utilisateurs peut créer une expérience utilisateur plus convaincante. Les outils sans code tels que Segment et Optimizely peuvent vous aider à créer des expériences utilisateur personnalisées en fonction de facteurs tels que l'emplacement de l'utilisateur, le type d'appareil ou les interactions précédentes.
- **Campagnes de notification** : l'envoi de notifications aux utilisateurs en fonction de leur comportement ou de leur inactivité peut les aider à rester engagés avec votre produit. De nombreux outils sans code, tels que OneSignal et Pusher , vous permettent d'envoyer des notifications par e-mail ou sur des appareils mobiles en fonction d'actions ou d'événements spécifiques.

3. Automatisez le marketing et les ventes

L'automatisation des efforts de marketing et de vente de votre startup peut vous faire gagner du temps et des ressources tout en augmentant votre capacité à atteindre davantage de clients. Les outils sans code peuvent vous aider à automatiser différentes étapes de votre entonnoir de vente, de la génération de leads au développement et à l'intégration.

- **Automatisation des e-mails** : l'envoi d'e-mails personnalisés et automatisés en fonction du comportement des utilisateurs ou de l'interaction avec votre produit peut vous aider à entretenir des prospects et à convertir les utilisateurs en clients. Des outils sans code comme Mailchimp et ActiveCampaign peuvent vous aider à configurer des séquences d'e-mails automatisées pour maintenir l'engagement des utilisateurs.

- **Automatisation des médias sociaux :** des outils sans code comme Hootsuite et Buffer peuvent vous aider à gérer et planifier efficacement vos publications sur les réseaux sociaux, vous permettant ainsi de maintenir une présence cohérente sur les plateformes sociales.
- **Génération de leads :** des outils sans code comme Typeform et Landbot peuvent vous aider à créer des formulaires et des chatbots attrayants pour collecter des informations sur les utilisateurs et générer des leads pour votre équipe commerciale.
- **Intégration CRM :** l'intégration de vos outils sans code avec des plateformes CRM populaires telles que Salesforce ou HubSpot peut vous aider à gérer et analyser les données clients, à identifier les opportunités de vente et à conclure des transactions plus efficacement.

4. Optimisez votre site Web et votre produit pour la conversion

Améliorer le taux de conversion de votre site Web peut avoir un impact significatif sur la croissance de votre startup. En testant et en optimisant vos pages de destination, vos flux d'utilisateurs et vos appels à l'action, vous pouvez augmenter le nombre de visiteurs se convertissant en clients.

- **Tests A/B :** des outils sans code comme Optimizely et Google Optimize peuvent vous aider à créer et à exécuter des tests A/B pour évaluer différentes variantes de votre site Web ou de votre application et identifier la conception, la copie ou le flux d'utilisateurs les plus performants.
- **Cartes thermiques et suivi des clics :** des outils tels que Hotjar ou Crazy Egg peuvent vous aider à suivre où les utilisateurs cliquent, font défiler ou survolent votre site Web, fournissant ainsi des informations précieuses sur les domaines potentiels d'amélioration.
- **Optimisation du taux de conversion (CRO) :** les plateformes sans code comme Unbounce ou Instapage peuvent vous aider à concevoir et à publier des pages de destination hautement optimisées axées sur l'amélioration de vos taux de conversion.

En tirant parti des outils sans code dans ces stratégies de croissance, vous pouvez faire évoluer efficacement votre startup, en vous concentrant sur l'amélioration de l'expérience utilisateur et la maximisation des revenus tout en réduisant le temps consacré aux tâches de développement. Le temps gagné peut être utilisé pour réfléchir de manière stratégique et créer de nouvelles opportunités de croissance.

Construire une infrastructure commerciale évolutive

À mesure que votre startup commence à se développer, il devient de plus en plus important de disposer d'une infrastructure commerciale évolutive. Cela signifie optimiser vos flux de travail, développer votre clientèle, vous développer sur de nouveaux marchés et être capable de vous adapter rapidement aux changements de l'environnement commercial. Avec des outils sans code, vous pouvez rationaliser et automatiser de nombreux aspects de vos opérations, augmentant ainsi votre efficacité et garantissant que votre entreprise reste agile.

1. Rationalisez vos flux de travail

Un élément clé de la croissance de votre startup est l'optimisation et la rationalisation de vos flux de travail. À mesure que le nombre d'utilisateurs, de clients et de membres de l'équipe augmente, les tâches et la communication peuvent devenir plus complexes et désorganisées. La puissante fonctionnalité des outils sans code peut vous aider à gérer ceci :

- Automatisez les tâches répétitives : votre équipe perd peut-être un temps précieux sur des tâches qui peuvent être automatisées. Avec des outils sans code comme Zapier , vous pouvez automatiser les tâches répétitives telles que la mise à jour de votre CRM ou l'envoi d'e-mails, libérant ainsi du temps et des ressources pour des tâches plus importantes.
- Rationalisez la gestion de projet : suivez plusieurs projets et assurez-vous que votre équipe est alignée sur ses objectifs en utilisant des outils de gestion de projet sans code, tels que Trello , ClickUp et Notion . En automatisant les processus et en gérant efficacement le temps de votre équipe, vous augmenterez la productivité et réduisez le risque de goulots d'étranglement.
- Intégrez vos applications : à mesure que votre entreprise se développe, vous utiliserez probablement davantage d'outils pour gérer différents aspects de vos opérations. Les plateformes sans code comme Integromat vous permettent d'intégrer différentes

applications et d'automatiser les flux de données entre elles. En centralisant vos données, vous pouvez prendre de meilleures décisions et automatiser davantage vos opérations.

2. Sensibilisation et engagement des clients

La croissance de votre startup dépend de l'attraction continue de nouveaux clients et de la fidélisation des clients existants. Connectez-vous avec des clients potentiels et renforcez les relations existantes en améliorant votre présence numérique et en exploitant les données.

- Créez des campagnes par e-mail robustes : les campagnes par e-mail automatisées peuvent vous aider à interagir avec votre public, à générer de nouveaux prospects et à augmenter vos revenus. Des outils comme Mailchimp vous permettent de créer, gérer et optimiser vos campagnes par e-mail sans aucune connaissance en codage, ce qui permet aux startups d'étendre plus facilement leurs efforts marketing.
- Favorisez la prise de décision basée sur les données : pour évoluer efficacement, il est important de comprendre votre public cible et son comportement. Des outils tels que Google Analytics et Mixpanel vous permettent de suivre et d'analyser le comportement des utilisateurs sur votre site Web ou votre application, tandis que des outils sans code comme Airtable vous permettent d'organiser, d'analyser et de visualiser les données client. En comprenant mieux vos clients, vous pouvez ajuster vos stratégies de marketing et de croissance pour optimiser les performances.

3. Explorer de nouveaux marchés

Une stratégie de mise à l'échelle réussie implique souvent une expansion vers de nouveaux marchés. Avec les outils sans code, vous pouvez rapidement développer et tester vos efforts avant d'engager des ressources précieuses.

- Traduisez votre site Web : traduisez votre site Web et rendez-le plus accessible aux utilisateurs de différents marchés en utilisant des outils de traduction sans code comme Weglot ou Localize .
- Créez des pages de destination localisées : utilisez un créateur de site Web sans code tel que Webflow pour créer des pages de destination dédiées à de nouveaux marchés. Testez différents messages, positionnements et visuels pour analyser ceux qui résonnent le mieux auprès de chaque nouveau public.

4. Renforcer votre colonne vertébrale financière

À mesure que votre entreprise se développe, il est essentiel de gérer efficacement vos finances. Les outils sans code peuvent vous aider à automatiser vos processus financiers et à mieux comprendre la santé financière globale de votre startup.

- Automatisez votre facturation et votre comptabilité : des outils comme QuickBooks ou Xero peuvent vous aider à automatiser et simplifier votre comptabilité, votre facturation et votre suivi des dépenses.
- Projetez vos finances : utilisez des plateformes sans code comme Finmark pour créer des modèles

financiers et projeter vos futurs revenus, dépenses et flux de trésorerie. Cela vous aidera à mieux comprendre la santé financière de votre startup et à prendre des décisions éclairées concernant l'embauche, la collecte de fonds et l'allocation des ressources.

5. Répondre au changement

Quelle que soit la qualité de votre planification, l'environnement commercial vous réservera probablement toujours des surprises. Être agile et s'adapter rapidement aux changements peut être la clé d'une croissance continue.

- Itérez et améliorez continuellement votre produit : utilisez des outils sans code comme Bubble ou Adalo pour effectuer des mises à jour et des améliorations continues de votre produit sans avoir besoin de faire appel aux développeurs.
- Surveillez vos concurrents : gardez une longueur d'avance sur vos concurrents en suivant leurs stratégies marketing et leurs offres de produits. Utilisez des outils tels que SimilarWeb et BuiltWith pour évaluer leur présence numérique et leur pile technologique.

En tirant parti des outils sans code et en mettant en œuvre des stratégies de croissance, vous pouvez rapidement faire évoluer votre startup sans avoir besoin de ressources ou de connaissances techniques étendues. À mesure que votre entreprise se développe, il est essentiel d'itérer, de s'adapter et d'optimiser en permanence. Investir dans des outils sans code vous permet non seulement de réagir rapidement au changement, mais libère également des ressources pour vous concentrer sur les domaines qui génèreront le plus de croissance pour votre entreprise.

10. Études de cas : histoires de réussite de MVP sans code dans le monde réel

Étude de cas 1 : Glide Apps – Création d'un annuaire d'entreprises locales

Le problème

Joe, un aspirant entrepreneur, a reconnu qu'il y avait une lacune sur le marché en matière d'annuaire d'entreprises locales qui pourrait aider les gens à trouver et à soutenir les petites entreprises de sa ville pendant la pandémie de COVID-19. Il avait remarqué que de nombreux habitants avaient du mal à trouver des magasins et des prestataires de services locaux dans un contexte de déclin des annuaires imprimés et de montée en puissance de grandes plateformes de commerce électronique.

L'idée

Joe a décidé de créer un annuaire numérique qui compilerait des informations sur les entreprises locales, permettant ainsi aux utilisateurs de les trouver et de les contacter facilement. Il a imaginé une application mobile incluant des fonctionnalités telles que des catégories, des services basés sur la localisation et des avis clients. Cependant, Joe n'avait aucune expérience en codage et des fonds limités pour externaliser le processus de développement.

La solution MVP sans code

Après avoir découvert Glide Apps, une plateforme de création d'applications sans code qui permet aux utilisateurs de créer des applications mobiles en utilisant Google Sheets comme base de données, Joe a décidé de l'essayer. Il a commencé par rassembler une liste d'entreprises locales, leurs coordonnées et leurs produits ou services dans une feuille Google.

À l'aide de Glide Apps, Joe a rapidement transformé les données de la feuille en un prototype d'application fonctionnel. Il a conçu des interfaces utilisateur attrayantes, ajouté des fonctionnalités telles que le filtrage des entreprises par catégorie ou emplacement, et mis en œuvre un processus d'enregistrement des utilisateurs pour capturer les e-mails, introduire des mises à jour et recueillir des avis.

Le processus de validation

Joe a partagé le MVP de son annuaire d'entreprises local avec un petit groupe d'amis et de connaissances, demandant des commentaires honnêtes sur la convivialité, la conception et le concept général de l'application. Les retours ont été extrêmement positifs, la plupart des utilisateurs trouvant utile la possibilité de découvrir et de contacter facilement les petites entreprises de leur région.

Fort de preuves concrètes de la demande et de l'intérêt, Joe a décidé d'étendre son application à d'autres quartiers et, ce faisant, a attiré des offres de collaboration d'organisations et d'entreprises locales qui ont apprécié la visibilité et le soutien apporté par sa plateforme.

Faire évoluer le MVP

Au fur et à mesure que Joe ajoutait de nouvelles entreprises à son annuaire et que la base d'utilisateurs augmentait, il a continué à affiner l'application et à ajouter de nouvelles fonctionnalités en fonction des commentaires des utilisateurs. L'utilisation de Glide Apps a permis d'effectuer des mises à jour simples et en temps réel de l'application mobile sans nécessiter de compétences techniques ni de processus complexes.

Joe a finalement lancé la version complète de son application Local Business Directory, proposant à la fois une version gratuite et un modèle par abonnement avec des fonctionnalités supplémentaires, telles que des notifications push et des promotions. Fort du succès initial de son MVP sans code, Joe a attiré des investisseurs et a jeté les bases du lancement d'applications similaires dans d'autres villes.

Points clés à retenir

L'expérience de Joe démontre que les outils sans code tels que Glide Apps permettent aux futurs entrepreneurs de créer, tester et valider rapidement des idées commerciales basées sur des applications mobiles. Tirer parti de ces plateformes peut vous aider à :

- Construisez un MVP fonctionnel en peu de temps
- Testez votre idée avec de vrais utilisateurs et recueillez des commentaires significatifs
- Itérez et affinez votre produit sans limitations techniques ni processus de développement coûteux
- Attirez les investisseurs et les collaborateurs avec des réussites tangibles
- Faites évoluer votre solution en faisant appel à une communauté de passionnés et de partenaires qui peuvent vous aider à donner vie à votre idée de startup.

10. Études de cas : histoires de réussite de MVP sans code dans le monde réel

Il n'y a pas de meilleur moyen d'en apprendre davantage sur le potentiel des MVP sans code que de se plonger dans des histoires de réussite concrètes. Ces études de cas démontrent la puissance des outils sans code pour donner vie à des idées innovantes rapidement, efficacement et sans avoir besoin d'expertise technique. Jetons un coup d'œil à certaines des réussites MVP sans code les plus inspirantes de startups et d'entrepreneurs du monde entier.

10.1 Sharetribe : la magie du marché en ligne

Sharetribe est un exemple parfait de MVP sans code devenu un produit à part entière. Initialement, il a été conçu comme une simple place de marché en ligne pour le partage et le commerce local – un concept qui pourrait être testé et validé avec un MVP sans code.

L'équipe derrière Sharetribe a utilisé Bubble, une plateforme de programmation visuelle, pour développer son MVP. Ils ont pu créer un puissant marché en ligne en quelques semaines en tirant parti de l'interface conviviale de Bubble et de fonctionnalités telles que la conception réactive, le traitement des paiements et l'intégration des médias sociaux. Le succès du MVP de Sharetribe a rapidement validé leur idée et attiré les premiers utilisateurs et investisseurs.

Depuis ses modestes débuts de MVP sans code, Sharetribe est devenue une plateforme de marché en ligne à part entière, s'adressant à des milliers d'entrepreneurs et permettant la création de marchés diversifiés sans avoir besoin de code personnalisé.

10.2. Outseta : mise à l'échelle avec des outils sans code

Outseta est un produit SaaS (logiciel en tant que service) qui fournit aux startups en démarrage une solution tout-en-un pour le CRM, la facturation des abonnements et l'automatisation du marketing. Les fondateurs étaient conscients de l'urgence de tester et de valider leur idée sur le marché très concurrentiel du SaaS.

L'équipe s'est tournée vers des outils sans code tels que Zapier, Airtable, Carrd et Typeform pour créer un MVP transparent et pleinement fonctionnel en un temps record. En utilisant ces outils, ils pourraient automatiser les flux de travail essentiels, suivre le comportement des utilisateurs, générer des rapports et valider les hypothèses cruciales des produits sans dépenser de ressources en code personnalisé.

Le succès du MVP sans code leur a permis d'itérer rapidement, de s'adapter aux commentaires et, finalement, de faire évoluer leur entreprise vers de nouveaux sommets. Désormais, Outseta bénéficie d'une base d'utilisateurs dédiée, d'une suite de fonctionnalités puissantes et d'une position forte sur le marché.

10.3. Voiceflow : de l'idée à l'acquisition

Voiceflow, une plate-forme de conception et de création d'applications vocales et de chatbot, est née d'une idée visant à rendre la conception vocale plus accessible aux non-développeurs. Les fondateurs ont décidé d'utiliser des outils sans code pour créer un MVP afin de tester rapidement leur produit et d'attirer les premiers utilisateurs.

L'équipe Voiceflow a utilisé Adalo, un créateur d'applications sans code, pour créer son MVP et le rendre opérationnel. Grâce à l'interface conviviale et aux capacités de personnalisation d'Adalo, ils ont créé un MVP qui offre une expérience utilisateur exceptionnelle et démontre les possibilités de conception vocale.

Le MVP sans code a attiré l'attention des investisseurs et l'équipe Voiceflow a finalement obtenu un financement de plus de 4 millions de dollars. Aujourd'hui, Voiceflow compte des milliers d'utilisateurs actifs et la société a été rachetée par ProtoPie, prouvant ainsi le potentiel des MVP sans code pour alimenter le succès des startups.

10.4 Quotr : rationaliser le processus de vente

Quotr est une startup qui vise à simplifier le processus de devis de vente pour les petites et moyennes entreprises. Au lieu d'embaucher des développeurs et de passer des mois à créer un produit, les fondateurs ont créé un MVP à l'aide de Webflow, un outil de développement de sites Web sans code accessible et puissant.

L'équipe Quotr a exploité les fonctionnalités de Webflow pour créer une interface utilisateur rapide, réactive et visuellement attrayante, capable de démontrer efficacement la valeur de l'outil de devis aux clients potentiels. En quelques semaines seulement, ils disposaient d'un MVP entièrement fonctionnel et ont commencé à intégrer les premiers utilisateurs.

Le MVP sans code a permis à Quotr de valider rapidement son idée, de s'adapter rapidement aux commentaires des utilisateurs et de commencer à construire sa marque dans le domaine hautement compétitif des technologies de vente.

Leçons tirées d'histoires de réussite concrètes

Les MVP sans code ont permis à ces startups de tester et de valider leurs idées avec un risque financier minimal et des ressources limitées. Ces exemples démontrent les possibilités que les outils sans code peuvent offrir aux entrepreneurs, en validant des idées, en itérant rapidement et, finalement, en créant des entreprises prospères et évolutives. Les entrepreneurs qui cherchent à suivre les traces de ces startups devraient envisager d'adopter des outils et des stratégies sans code pour lancer leur MVP et relancer leur parcours professionnel.

10.1 Histoire de réussite MVP sans code : les applications sans code de Tara Reed

Arrière-plan

Tara Reed est une entrepreneure basée à Détroit qui a créé et lancé avec succès un certain nombre d'entreprises rentables basées sur des applications sans écrire une seule ligne de code. Elle l'a fait en utilisant la méthodologie MVP sans code et enseigne désormais à d'autres aspirants entrepreneurs ses secrets de réussite via sa plateforme « Apps Without Code ».

Dans cette étude de cas, nous examinerons en profondeur comment Tara a transformé l'une de ses idées uniques en une entreprise rentable à l'aide d'outils et de méthodologies sans code.

L'idée : Kollecto

Tara a eu l'idée de Kollecto , une application de conseil en art abordable et personnalisée, lorsqu'elle a réalisé qu'elle voulait trouver et acheter de l'art pour sa maison, mais a

trouvé le processus de recherche et de sélection d'art
écrasant.

Elle savait qu'il devait y avoir d'autres personnes
confrontées au même problème, elle a donc décidé de créer
une solution qui donnerait accès à des conservateurs d'art
qui pourraient l'aider à trouver et à recommander des
œuvres d'art avec un budget limité.

Construire le MVP sans code

Pour valider son idée de startup, Tara a d'abord créé une
page de destination à l'aide de Strikingly qui communiquait
la proposition de valeur de Kollecto et comprenait un simple
appel à l'action « Get Started ».

La page de destination servait à collecter les adresses e-
mail des utilisateurs intéressés qui recherchaient une
expérience d'achat d'art organisée, lui permettant de valider
s'il existait effectivement une demande pour son entreprise.

Pour tester davantage son idée, Tara a utilisé Typeform pour
créer un questionnaire qui interrogeait les utilisateurs
potentiels sur leurs préférences artistiques, leur budget et le
niveau de personnalisation qu'ils souhaitaient pour leurs
suggestions artistiques.

Une fois qu'elle a recueilli suffisamment de réponses, Tara a
sous-traité l'aspect curation à un groupe d'experts en art
qu'elle a trouvé sur des sites Web indépendants comme
Upwork . Les conservateurs d'art analyseraient les réponses
soumises par les utilisateurs, puis enverraient des
recommandations artistiques personnalisées par courrier
électronique.

Initialement, le service était offert gratuitement alors que
Tara continuait à améliorer l'expérience utilisateur et à mieux

comprendre les besoins et les préférences de ses
utilisateurs.

Valider l'idée

Alors que le nombre d'utilisateurs augmentait et que les
retours devenaient de plus en plus positifs, Tara a décidé de
monétiser Kollecto en mettant en place un modèle
d'abonnement. En facturant un abonnement mensuel, elle
était désormais en mesure de tester si les utilisateurs étaient
prêts à payer pour les recommandations artistiques
personnalisées.

Pour mettre en œuvre le modèle d'abonnement, Tara a
utilisé un outil sans code appelé Zapier pour connecter son
questionnaire Typeform à un processeur de paiement tel
que Stripe, PayPal ou Square . Cela lui a permis d'encaisser
les paiements sans aucune intervention manuelle et de faire
évoluer son entreprise plus efficacement.

Kollecto a continué de croître et Tara a commencé à
expérimenter différents niveaux de tarification pour voir
lequel fonctionnait le mieux pour optimiser les revenus et la
satisfaction des clients. Les utilisateurs ont eu la possibilité
de sélectionner un plan d'adhésion en fonction de leurs
besoins en matière d'achat d'art, et Tara a rapidement
découvert le juste milieu en termes de prix qui maximisait les
revenus tout en gardant le service accessible à un large
éventail de passionnés d'art.

Faire évoluer l'entreprise

La version MVP sans code de Kollecto rencontrait déjà un
grand succès, mais Tara souhaitait passer au niveau
supérieur.

Pour ce faire, elle a décidé de créer une véritable application Kollecto qui offrirait aux utilisateurs une expérience plus fluide et visuellement attrayante. En utilisant des plateformes de développement d'applications sans code telles que Bubble et Thunkable , Tara a pu créer une application entièrement fonctionnelle adaptée aux besoins de ses utilisateurs sans avoir besoin d'embaucher des développeurs de logiciels coûteux.

L'application a finalement aidé Kollecto à se développer encore davantage et à devenir l'entreprise prospère qu'elle est aujourd'hui.

Leçons apprises

Grâce à son expérience avec Kollecto, Tara Reed a prouvé la puissance de la méthodologie MVP no-code. En commençant petit et en utilisant des outils sans code facilement disponibles, Tara a pu valider son idée, tester ses hypothèses et faire évoluer son entreprise sans avoir besoin d'écrire une seule ligne de code.

L'histoire à succès de Tara est un excellent exemple de ce qui peut être réalisé lorsque les entrepreneurs adoptent l'état d'esprit sans code et se concentrent sur les besoins des clients plutôt que sur les limitations techniques.

En conséquence, Tara enseigne désormais la méthodologie MVP sans code aux aspirants entrepreneurs via sa plateforme en ligne, « Apps Without Code », permettant aux autres de suivre ses traces et de donner rapidement vie à leurs propres idées commerciales.

Étude de cas 1 : Pipe : créer une plateforme Fintech

Background Pipe est une plateforme innovante qui permet aux entreprises d'échanger leurs flux de revenus récurrents sur une place de marché. En termes simples, Pipe aide les entreprises à être payées plus rapidement en transformant leurs abonnements SaaS en revenus initiaux. La plateforme est à la fois avantageuse pour les entreprises recherchant une flexibilité de flux de trésorerie et pour les investisseurs recherchant des opportunités d'investissement avec des rendements fixes et récurrents.

Le problème Les fondateurs de Pipe, Harry Hurst, Josh Mangel et Zain Allarakhia, ont identifié un besoin important pour les entreprises de mieux contrôler leurs flux de trésorerie. Traditionnellement, ce type de flexibilité financière n'était possible qu'en s'endettant ou en vendant des actions dans l'entreprise. Les deux options présentent des inconvénients, comme la possibilité de perdre le contrôle de l'entreprise ou d'être accablé par une dette à long terme.

Le MVP No-Code Pour tester rapidement le concept sans investir du temps et de l'argent dans les processus de développement traditionnels, l'équipe fondatrice de Pipe s'est tournée vers des outils sans code. Sans formation technique, ils avaient besoin d'un moyen de créer un produit minimum viable (MVP) pour valider leur idée et attirer les premiers clients.

À l'aide d'outils tels que Bubble, Airtable et Zapier, l'équipe a réussi à créer un MVP entièrement fonctionnel en seulement dix semaines. Cela leur a permis de démontrer les capacités de la plateforme aux utilisateurs, aux investisseurs et aux parties prenantes sans investissements financiers ou en temps lourds.

Ces outils ont permis à l'équipe Pipe de créer et d'itérer leur MVP, en se concentrant sur des fonctionnalités telles que :

- Authentification sécurisée et gestion des utilisateurs
- Saisie et gestion des données pour les flux de revenus
- Exécution et gestion des transactions
- Rapports et analyses financiers

Les résultats Avec leur MVP sans code, l'équipe de Pipe a pu valider son idée rapidement et sécuriser une base d'utilisateurs qui fournit des commentaires précieux pour l'amélioration continue du produit. En conséquence, ils ont également pu attirer des investissements et des partenariats importants.

En moins de deux ans, Pipe a levé plus de 66 millions de dollars de financement et attiré des investisseurs majeurs, notamment Shopify, Slack et HubSpot. La récente valorisation de l'entreprise a dépassé la barre des 2 milliards de dollars, ce qui en fait l'une des réussites sans code les plus réussies.

Leçons apprises

Cette réussite exceptionnelle met en valeur la puissance des MVP sans code pour donner vie rapidement à des idées innovantes. Les principaux points à retenir pour les aspirants entrepreneurs sont les suivants :

1. **Vitesse :** créer rapidement un MVP vous permet de tester votre idée et de l'itérer, réduisant ainsi les délais de mise sur le marché et le risque de gaspiller des ressources sur un produit qui pourrait ne pas avoir de succès.
2. **Flexibilité :** grâce aux outils sans code, vous pouvez rester agile et ajuster en permanence votre produit pour répondre efficacement aux besoins des utilisateurs.

3. **Risque réduit** : des barrières à l'entrée plus faibles (moins de compétences techniques requises et un investissement financier initial minimal) signifient que vous pouvez tester des idées innovantes sans mettre en danger l'ensemble de votre entreprise.

Étude de cas 2 : Wild Audience : révolutionner l'automatisation du marketing

Contexte Wild Audience est une plateforme d'automatisation du marketing qui aide les entreprises à créer des parcours clients personnalisés et automatisés. Grâce au suivi comportemental, la plateforme recommande du contenu et des offres pertinents à chaque visiteur du site Web, ce qui se traduit par une meilleure expérience utilisateur et une augmentation des conversions.

Le problème Bastian Ernst, le fondateur de Wild Audience, a vu la nécessité d'améliorer l'efficience et l'efficacité du marketing de contenu. Il pensait que les entreprises devraient être en mesure de proposer un contenu ciblé qui trouve réellement un écho auprès des visiteurs de leur site Web, plutôt que de s'appuyer uniquement sur des informations génériques et des appels à l'action.

Le MVP sans code Tout comme Pipe, le MVP de Wild Audience a été construit à l'aide d'outils sans code. Bastian a commencé avec une version simple créée avec PipeDrive, offrant un service de base pour aider les entreprises à améliorer leurs efforts marketing. Au fur et à mesure qu'il recueillait les commentaires des premiers clients, il a progressivement ajouté des fonctionnalités au produit.

Pour créer une solution marketing MVP plus sophistiquée, Bastian a utilisé une combinaison d'outils sans code, notamment :

- Typeform pour créer des formulaires interactifs et capturer les réponses des utilisateurs
- Zapier pour intégrer et automatiser les flux de travail entre les applications
- Google Sheets pour stocker les données clients et suivre les mesures de performances
- ConvertKit pour automatiser les campagnes de marketing par e-mail

Les résultats À mesure que le MVP Wild Audience gagnait du terrain, Bastian a pu attirer un nombre croissant d'utilisateurs et recueillir continuellement des commentaires pour l'améliorer. Wild Audience sert désormais des clients dans le monde entier, et ses clients ont signalé des résultats impressionnants, comme une augmentation jusqu'à 50 % des revenus clients directement attribuables à la plateforme.

Leçons apprises

L'histoire de réussite MVP sans code de Wild Audience démontre la puissance de l'utilisation d'outils simples mais puissants pour tester une idée de manière rentable. Les aspirants entrepreneurs peuvent apprendre des points clés suivants :

1. **Développement itératif :** grâce à des commentaires et à des améliorations continues, vous pouvez maintenir l'engagement des utilisateurs et transformer votre MVP en un produit prospère et réussi.
2. **Intégration :** l'utilisation efficace d'outils sans code peut permettre un flux de données transparent entre

les applications et créer un produit puissant et interconnecté.

3. **Mentalité Lean Startup :** en vous concentrant uniquement sur les fonctionnalités qui apportent une réelle valeur aux utilisateurs, vous pouvez garantir l'efficacité et éviter de gaspiller des ressources sur des fonctionnalités inutiles.

Comme le prouvent ces études de cas, un MVP sans code a le pouvoir de transformer des idées en entreprises prospères. En utilisant les bons outils et en adoptant un état d'esprit centré sur l'utilisateur, vous pouvez imiter ce succès et créer une startup qui trouve vraiment un écho auprès de votre public cible.

Étude de cas n°1 : Sharetribe – Création de marchés en ligne

Sharetribe est un exemple typique de startup sans code réussie qui permet aux utilisateurs de créer et de lancer leurs propres marchés en ligne sans aucune compétence en codage. La plate-forme est conçue pour rationaliser le processus de création d'applications Web modernes qui fonctionnent comme un marché pour divers types d'entreprises, telles que la location, la vente et l'achat de biens ou de services.

Le problème

Antti Virolainen et Juho Makkonen, les fondateurs de Sharetribe, ont identifié un problème auquel de nombreux entrepreneurs étaient confrontés : créer et lancer une place de marché en ligne était une affaire complexe et intimidante, impliquant souvent des investissements coûteux dans l'embauche de développeurs ou l'externalisation du processus de développement.

De nombreux entrepreneurs ayant d'excellentes idées pour les marchés en ligne ont été découragés par les coûts et l'expertise technique nécessaire et, par conséquent, ont eu du mal à concrétiser leurs idées ou à valider leurs concepts avant de s'engager pleinement dans le développement.

La solution

Avec la vision de rendre le processus de création de marchés en ligne accessible et sans tracas pour les entrepreneurs, Sharetribe est née. Les fondateurs ont décidé de créer une plate-forme qui simplifierait le processus et permettrait aux utilisateurs de créer leurs propres marchés sans avoir besoin de compétences en codage. Ils ont utilisé plusieurs outils sans code et ont mis au point un MVP pour tester leur concept.

Les outils sans code

Pour créer la plate-forme Sharetribe, Antti et Juho ont utilisé des outils sans code populaires, ce qui a permis d'économiser du temps et des ressources tout en réduisant les coûts au minimum. Quelques-uns de ces outils comprenaient :

1. **Bubble** : Une plateforme de développement Web visuel qui permet aux utilisateurs de créer des applications Web entièrement fonctionnelles sans écrire de code. Bubble a été utilisé comme cadre de développement principal pour créer l'interface et le backend de Sharetribe.
2. **Zapier** : Un outil qui offre une intégration API transparente entre différentes applications Web sans avoir besoin de codage. Zapier a été utilisé pour connecter la plateforme de Sharetribe à des services externes tels que des passerelles de paiement, des outils d'automatisation de la messagerie électronique et des plateformes de réseaux sociaux.
3. **Airtable** : Un puissant outil de gestion de feuilles de calcul et de bases de données utilisé pour les tâches internes telles que la gestion des données clients, la planification du contenu et la gestion de projet au sein de l'équipe Sharetribe.

Les résultats

Sharetribe a rapidement gagné du terrain parmi les entrepreneurs cherchant à créer leurs propres marchés en ligne. En proposant une solution rentable et facile à utiliser qui permet aux utilisateurs de créer et de lancer des places de marché sans expertise technique ni investissement important, Sharetribe a pu valider son modèle commercial et transformer la plateforme en une entreprise rentable.

Aujourd'hui, Sharetribe alimente des milliers de marchés en ligne à travers le monde, aidant les entrepreneurs à donner vie à leurs idées, le tout sans écrire une seule ligne de code.

Points clés à retenir

L'histoire de Sharetribe montre que le mouvement no-code ne se limite pas aux seuls MVP, mais peut également propulser des entreprises à part entière prospères. À l'aide d'outils sans code, les fondateurs de Sharetribe ont rapidement prototypé et validé leur concept de place de marché, prouvant qu'il est possible de changer la façon dont les entreprises fonctionnent et s'adressent à leur public cible.

Pour les entrepreneurs souhaitant créer leur startup à l'aide d'outils sans code, les principales leçons du succès de Sharetribe incluent :

1. Concentrez-vous sur l'identification et la compréhension du problème que vous essayez de résoudre. Dans le cas de Sharetribe, les fondateurs étaient bien conscients des défis auxquels les entrepreneurs étaient confrontés lors du lancement d'un marché en ligne, ce qui leur a permis de développer une plateforme qui résolvait ce problème avec une grande précision.
2. Choisissez les bons outils sans code qui répondent à vos besoins et vous aident à créer efficacement le produit que vous envisagez. N'hésitez pas à mélanger et assortir les outils pour créer une solution sur mesure pour votre entreprise.
3. Ne sous-estimez jamais la puissance des outils sans code. De nombreuses entreprises prospères ont été créées à l'aide de plates-formes sans code, et leur adoption peut vous aider à économiser du temps et des ressources et à fournir une base solide pour la croissance future de votre entreprise.

Droits d'auteur et clauses de non-responsabilité concernant le contenu :

Avis de non-responsabilité concernant le contenu assisté par l'IA :

Le contenu de ce livre a été généré avec l'aide de modèles linguistiques d'intelligence artificielle (IA) tels que CHatGPT et Llama. Bien que des efforts aient été déployés pour garantir l'exactitude et la pertinence des informations fournies, l'auteur et l'éditeur ne donnent aucune garantie concernant l'exhaustivité, la fiabilité ou l'adéquation du contenu à un usage spécifique. Le contenu généré par l'IA peut contenir des erreurs, des inexactitudes ou des informations obsolètes, et les lecteurs doivent faire preuve de prudence et vérifier indépendamment toute information avant de s'y fier. L'auteur et l'éditeur ne pourront être tenus responsables des conséquences découlant de l'utilisation ou de la confiance accordée au contenu généré par l'IA dans ce livre.

Avertissement général :

Nous utilisons des outils de génération de contenu pour créer ce livre et nous approvisionnons en grande partie à partir d'outils de génération de texte. Nous mettons à disposition du matériel et des données financières via nos services. Pour ce faire, nous nous appuyons sur diverses sources pour recueillir ces informations. Nous pensons qu'il s'agit de sources fiables, crédibles et exactes. Cependant, il peut arriver que les informations soient incorrectes.

NOUS NE FAISONS AUCUNE RÉCLAMATION OU DÉCLARATION QUANT À L'EXACTITUDE, À L'EXHAUSTIVITÉ OU À LA VÉRITÉ DE TOUT MATÉRIEL CONTENU DANS NOTRE livre. NOUS NE SERONS PAS NON PLUS RESPONSABLES DE TOUTES ERREURS, INEXACTITUDES OU OMISSIONS, ET DÉCLINONS SPÉCIFIQUEMENT TOUTE GARANTIE IMPLICITE OU QUALITÉ

MARCHANDE OU ADÉQUATION À UN USAGE PARTICULIER ET NE POURRONS EN AUCUN CAS ÊTRE RESPONSABLES DE TOUTE PERTE DE PROFIT OU DE TOUT AUTRE DOMMAGE COMMERCIAL OU MATÉRIEL, Y COMPRIS MAIS SANS LIMITATION AUX DOMMAGES SPÉCIAUX, ACCESSOIRES, CONSÉCUTIFS OU AUTRES ; OU POUR DES RETARDS DANS LE CONTENU OU LA TRANSMISSION DES DONNÉES DE NOTRE livre, OU POUR QUE LE LIVRE SERA TOUJOURS DISPONIBLE. En plus de ce qui précède, il est important de noter que les modèles de langage tels que ChatGPT sont basés sur des techniques d'apprentissage en profondeur et ont été formés sur de grandes quantités de données textuelles pour générer un texte de type humain. Ces données textuelles comprennent diverses sources telles que des livres, des articles, des sites Web et bien plus encore. Ce processus de formation permet au modèle d'apprendre des modèles et des relations au sein du texte et de générer des résultats cohérents et contextuellement appropriés.

Les modèles linguistiques tels que ChatGPT peuvent être utilisés dans diverses applications, notamment le service client, la création de contenu et la traduction linguistique. Dans le service client, par exemple, les modèles linguistiques peuvent être utilisés pour répondre aux demandes des clients de manière rapide et précise, libérant ainsi les agents humains pour qu'ils puissent gérer des tâches plus complexes. Lors de la création de contenu, les modèles linguistiques peuvent être utilisés pour générer des articles, des résumés et des légendes, permettant ainsi aux créateurs de contenu d'économiser du temps et des efforts. Dans le domaine de la traduction linguistique, les modèles linguistiques peuvent aider à traduire un texte d'une langue à une autre avec une grande précision, contribuant ainsi à éliminer les barrières linguistiques.

Il est important de garder à l'esprit, cependant, que même si
les modèles linguistiques ont fait de grands progrès dans la
génération de textes de type humain, ils ne sont pas parfaits. Il
existe encore des limites à la compréhension du contexte et de
la signification du texte par le modèle, et il peut générer des
résultats incorrects ou offensants. Il est donc important
d'utiliser les modèles de langage avec prudence et de toujours
vérifier l'exactitude des résultats générés par le modèle.

Avertissement financier

Ce livre est destiné à vous aider à comprendre le monde de
l'investissement en ligne, à éliminer toutes les craintes que
vous pourriez avoir quant au démarrage et à vous aider à
choisir de bons investissements. Notre objectif est de vous
aider à prendre le contrôle de votre bien-être financier en vous
offrant une solide éducation financière et des stratégies
d'investissement responsable. Cependant, les informations
contenues dans ce livre et dans nos services sont uniquement
destinées à des fins d'information générale et éducatives. Il ne
vise pas à remplacer les conseils juridiques, commerciaux et/ou
financiers d'un professionnel agréé. Le secteur de
l'investissement en ligne est une question complexe qui
nécessite une diligence financière sérieuse pour chaque
investissement afin de réussir. Il vous est fortement conseillé
de solliciter les services de professionnels qualifiés et
compétents avant de vous engager dans tout investissement
susceptible d'avoir un impact sur vos finances. Ces
informations sont fournies par ce livre, y compris la manière
dont elles ont été réalisées, collectivement appelées les
« Services ».

Soyez prudent avec votre argent. Utilisez uniquement des
stratégies dont vous comprenez les risques potentiels et dont
vous êtes à l'aise de prendre. Il est de votre responsabilité

d'investir judicieusement et de protéger vos informations personnelles et financières.

Nous pensons que nous disposons d'une grande communauté d'investisseurs qui cherchent à réussir et à s'entraider pour réussir financièrement en investissant. En conséquence, nous encourageons les gens à commenter sur notre blog et éventuellement à l'avenir sur notre forum. De nombreuses personnes contribueront à ce sujet, mais il y aura des moments où des personnes fourniront des informations trompeuses, trompeuses ou incorrectes, involontairement ou non.

Vous ne devez JAMAIS vous fier aux informations ou opinions que vous lisez dans ce livre, ou dans tout livre auquel nous pouvons créer un lien. Les informations que vous lisez ici et dans nos services doivent être utilisées comme point de départ pour vos PROPRES RECHERCHES sur diverses entreprises et stratégies d'investissement afin que vous puissiez prendre une décision éclairée sur où et comment investir votre argent.

NOUS NE GARANTISSONS PAS LA VÉRACITÉ, LA FIABILITÉ OU L'EXHAUSTIVITÉ DE TOUTE INFORMATION FOURNIE DANS LES COMMENTAIRES, FORUM OU AUTRES ESPACES PUBLICS DU livre OU DANS TOUT HYPERLIEN APPARAISSANT SUR NOTRE livre.

Nos services sont fournis pour vous aider à comprendre comment prendre de bonnes décisions d'investissement et financières personnelles pour vous-même. Vous êtes seul responsable des décisions d'investissement que vous prenez. Nous ne serons pas responsables des erreurs ou omissions dans le livre, y compris dans les articles ou les publications, pour les hyperliens intégrés dans les messages, ou pour tout résultat obtenu à partir de l'utilisation de ces informations. Nous ne serons pas non plus responsables de toute perte ou dommage, y compris les dommages consécutifs, le cas échéant, causés par la confiance d'un lecteur dans les informations obtenues grâce à l'utilisation de nos services. Veuillez ne pas utiliser notre livre si vous n'acceptez pas la responsabilité de vos actes.

La Securities and Exchange Commission (SEC) des États-Unis a publié des informations supplémentaires sur la cyberfraude pour vous aider à la reconnaître et à la combattre efficacement. Vous pouvez également obtenir une aide supplémentaire sur les programmes d'investissement en ligne et sur la façon de les éviter dans les livres suivants : http://www.sec.gov et http://www.finra.org, et http://www.nasaa.org ce sont chacune des organisations créées pour aider à protéger les investisseurs en ligne.

Si vous choisissez d'ignorer nos conseils et de ne pas effectuer de recherches indépendantes sur les différents secteurs, sociétés et actions, dans lesquels vous avez l'intention d'investir et de vous fier uniquement aux informations, « conseils » ou opinions trouvés dans notre livre – vous reconnaissez avoir fait une décision consciente et personnelle de votre propre volonté et nous n'essaierons en aucun cas de nous tenir responsables des résultats de celle-ci. Les services proposés ici n'ont pas pour but d'agir en tant que votre conseiller en investissement personnel. Nous ne connaissons pas tous les faits pertinents sur vous et/ou vos besoins individuels, et nous ne déclarons ni ne prétendons qu'aucun de nos services est adapté à vos besoins. Vous devriez faire appel à un conseiller en investissement enregistré si vous recherchez des conseils personnalisés.

Liens vers d'autres sites. Vous pourrez également créer des liens vers d'autres livres de temps en temps, via notre site. Nous n'avons aucun contrôle sur le contenu ou les actions des livres vers lesquels nous proposons des liens et ne serons pas responsables de tout ce qui se produit en relation avec l'utilisation de ces livres. L'inclusion de liens, sauf indication contraire expresse, ne doit pas être considérée comme une approbation ou une recommandation de ce livre ou des opinions qui y sont exprimées. Vous, et vous seul, êtes responsable de faire preuve de diligence raisonnable sur tout livre avant de faire affaire avec eux.

Avis de non-responsabilité et limitations de responsabilité : En aucun cas, y compris, mais sans s'y limiter, en cas de négligence, nous, ni nos partenaires le cas échéant, ni l'une de nos sociétés affiliées, ne serons tenus responsables, directement ou indirectement, de toute perte ou dommage, quel qu'il soit, découlant de de, ou en relation avec, l'utilisation de nos Services, y compris, sans s'y limiter, les dommages directs, indirects, consécutifs, inattendus, spéciaux, exemplaires ou autres qui peuvent en résulter, y compris, mais sans s'y limiter, une perte économique, une blessure, une maladie ou un décès ou tout autre dommage. tout autre type de perte ou de dommage, ou de réactions inattendues ou défavorables aux suggestions contenues dans le présent document ou autrement causées ou présumées vous avoir été causées en relation avec votre utilisation de tout conseil, bien ou service que vous recevez sur le Site, quelle qu'en soit la source, ou tout autre livre que vous avez pu visiter via des liens de notre livre, même si vous êtes informé de la possibilité de tels dommages.

La loi applicable peut ne pas autoriser la limitation ou l'exclusion de responsabilité ou les dommages accessoires ou consécutifs (y compris, mais sans s'y limiter, la perte de données), de sorte que la limitation ou l'exclusion ci-dessus peut ne pas s'appliquer à vous. Cependant, en aucun cas notre responsabilité totale envers vous pour tous les dommages, pertes et causes d'action (que ce soit dans le cadre d'un contrat, d'un délit ou autre) ne dépassera le montant que vous nous avez payé, le cas échéant, pour l'utilisation de notre Services, le cas échéant. Et en utilisant notre Site, vous acceptez expressément de ne pas tenter de nous tenir responsables des conséquences résultant de votre utilisation de nos Services ou des informations qui y sont fournies, à tout moment ou pour quelque raison que ce soit, quelles que soient les circonstances.

Avis de non-responsabilité concernant les résultats spécifiques. Nous nous engageons à vous aider à prendre le contrôle de votre bien-être financier grâce à l'éducation et à l'investissement. Nous proposons des stratégies, des opinions, des ressources et d'autres services spécialement conçus pour éliminer le bruit et le battage médiatique afin de vous aider à prendre de meilleures décisions en matière de finances personnelles et d'investissement. Cependant, il n'existe aucun moyen de garantir qu'une stratégie ou une technique soit efficace à 100 %, car les résultats varient selon l'individu, ainsi que les efforts et l'engagement qu'il déploie pour atteindre son objectif. Et malheureusement, nous ne vous connaissons pas. Par conséquent, en utilisant et/ou en achetant nos services, vous acceptez expressément que les résultats que vous recevez de l'utilisation de ces services dépendent uniquement de vous. En outre, vous acceptez également expressément que tous les risques liés à l'utilisation et toutes les conséquences d'une telle utilisation soient supportés exclusivement par vous. Et que vous ne tenterez pas de nous tenir responsables à aucun moment ou pour quelque raison que ce soit, quelles que soient les circonstances.

Comme le stipule la loi, nous ne pouvons donner aucune garantie quant à votre capacité à obtenir des résultats particuliers en utilisant un service acheté via notre livre. Rien sur cette page, notre livre ou l'un de nos services ne constitue une promesse ou une garantie de résultats, y compris le fait que vous gagnerez une somme d'argent particulière ou, n'importe quel argent, vous comprenez également que tous les investissements comportent certains risques et vous risquez en fait de perdre de l'argent en investissant. En conséquence, tous les résultats indiqués dans notre livre, sous forme de témoignages, d'études de cas ou autrement, sont uniquement illustratifs de concepts et ne doivent pas être considérés comme des résultats moyens ou des promesses de performances réelles ou futures.

d'illustration uniquement et ne garantissent pas que les lecteurs obtiendront des résultats similaires. Le succès individuel dans le trading dépend de divers facteurs, notamment de la situation financière personnelle, de la tolérance au risque et de la capacité à appliquer de manière cohérente les stratégies et techniques évoquées.

Avis de droit d'auteur : Tous droits réservés. Aucune partie de cette publication ne peut être reproduite, distribuée ou transmise sous quelque forme ou par quelque moyen que ce soit, y compris la photocopie, l'enregistrement ou d'autres méthodes électroniques ou mécaniques, sans l'autorisation écrite préalable de l'éditeur, sauf dans le cas de brèves citations incorporées. dans des critiques critiques et dans certaines autres utilisations non commerciales autorisées par la loi sur le droit d'auteur.

Marques déposées : tous les noms de produits, logos et marques mentionnés dans ce livre sont la propriété de leurs propriétaires respectifs. L'utilisation de ces noms, logos et marques n'implique pas l'approbation ou l'affiliation de leurs propriétaires respectifs.